教育還能一樣嗎

程介明 著

目錄

第一章：教育前景

第二章：教育文化

第三章：疫情停課

第四章：學習新貌

第五章：生涯規劃

第六章：用 AI，是作弊還是助手？

推薦序　李焯芬

有幸和介明兄在港大共事多年。他當過多年的港大教育學院院長、講座教授、副校長；是香港高等教育界備受尊敬的一位「智者」和教育踐行者。我在這裏用上了「智者」這個詞，是因為介明特別富有獨立思考的能力，思路敏捷，能宏觀並深入地思考問題，提出獨立睿智的分析和見解，讓大家有所感悟、隨而深刻反思。

大家眼前的專欄文集，就是一個好例子。介明多年來為《信報》撰寫的教育專欄，比一般的專欄文稿長；但每一篇都言之有物，讓讀者有所得着、有所反思。介明的教育專欄文字，有不少聚焦於探討教育的當代變化及未來的發展趨勢。近代社會變化的速度和幅度都比較大，科技一日千里，物質生活明顯改善。在許多國家和地區，高等教育在數十年間由精英教育變成普及教育。大學畢業生的數量大幅增加，也影響了就業市場。以前有不少大學畢業生一輩子服務於一家機構。時至今日，許多人則傾向於每幾年換一家機構。大學畢業生多了，就業和升職的競爭也就愈來愈激烈了。這些社會和教育的變化，介明在他的專欄文字中都有十分詳盡的分析和介紹。作為一位教育學者，介明既有歷史感，亦有豐富的經驗和廣闊的全球視野，對世界各地教育的發展都瞭如指掌。這樣分析起來，就比較全面、踏實、和睿智多了。

今時今日，我們每天都能接收到許多有關教育的訊息，看到關於教育的報道。有關高等教育的訊息亦不少，包括各院校發出的宣傳文稿或視頻。這當然是十分正常的事。每一家大學都想愈辦愈好，國際排名持續高升，在學術研究方面不斷有創新和突破。與此同時，或許我們也應關注，並探討社會變遷對教育的影響，以便合理地應對，並作出相應的中長期規劃。這方面的研究工作，說來容易，但做起來並

不容易。坦白講，在我們學界，能夠像介明那樣，對教育的未來發展進行既宏觀又深入的研究的學者並不多。這也反映了介明這冊新書的重要價值。它觸發我們去認真地思考：二十一世紀的人類社會，究竟需要怎麼樣的教育？在資訊和知識泛濫的今日社會，我們如何做好下一代的教與學？在科技進步、物質文明高度發展的今天，我們如何平衡好知識教育和人的教育？⋯⋯⋯等等一系列根本性的課題。這些都是高教界，乃至我們整個社會需要面對的課題。

李焯芬

香港大學榮休教授

2023 年 5 月

推薦序　楊銳

在當今華人社會的教育學術圈中，程介明教授有着很大的影響。我本人景仰程先生已久，自中國大陸改革開放之初，就一直在閱讀其著作中獲益成長。後有幸來香港工作學習，與程先生共事，我們交往的機會變得多起來。幾十年來，幾乎每一次與之交談都覺得酣暢淋漓，總覺得時間跑得太快，無法盡興。

作為長期的同事及景仰者，在我看來，程先生最大的特徵就是「橋樑」（bridge），在知識與現實之間，也在中西教育學術及改革實踐之間。隨着年齡的增長，也日益在古今之間。我們身邊不少人也都在自己所修專業領域成績斐然，但通常只能在這幾種關係中的一種或至多兩種之間成為橋樑。但程先生卻是在諸方面均為橋樑。這座橋樑不但堅固，而且會讓經過它的人覺得可以輕易通行。

這樣橋樑式的影響和作用當然首先是由於其個人的魅力所造成的，但更是由於程先生長年以來所養成的學術境界所致，難能可貴，尤其值得青年學人學習仿效。

為什麼我要強調這一點呢？我們做學術這一行的，不少人可以做到把簡單問題複雜化，動輒就是什麼理論框架和學派，而程先生則是具備着可以將複雜問題簡單化的高明。程先生有着廣泛的聽眾，從世界頂尖學者，到政府及國際組織的高級官員，再到前線中小學校長和教師，甚至普通學生家長，而他總能與聽眾自由交流，讓其聽得明白，並深受啟發。這是大道至簡，是其學養修為所致。

當代華人社會教育學術有其獨特性質，一個突出的問題就是理論與實踐的嚴重脫離。隨着 1905 年科舉的廢除，以經史子集為基本特

徵的中國傳統學術方式被正式拋棄，代之以 1919 年以降而建制起來的以學科分類為基本特徵的西式學問之道。然而，傳統的思辨方式不是說丟就可以丟得掉的，更不是一無是處。同時西方治學方式也不是一蹴而就的，它有其本身的缺陷和不足，以及其在中國文化社會中的水土不服現象。

由於知識體系的轉變，西學進來了，而我們對之並未完全認同接受。理論是西的，但社會生活仍有許多傳統成份。與此相應的是存在着中西兩種學術話語和體系，由於語言文化的巨大差異，華人社會中許多人文社會領域的學者的學術要麼是獨白，自說自話，與國際割離。要麼奉西學為圭臬，食洋不化。這種狀況早已經持續很久，對於經濟社會和文化學術的發展都造成了巨大的影響和浪費。

1949 年以後，華人社會內部出現了長期、反覆的折騰，加之國際地緣政治的詭譎，造成了中西學術之間互不溝通的現象，尤其在人文社會科學領域，華人學者的國際能見度極低。這些學者既無法有效地利用自己社會的各種資源，也不善於利用國際資源。我們的好傳統輸不出去，更難得見到中西結合出現的新的優質的智慧結晶。程教授給我們的一個重要啟發就是如何消除這種對立。

本書是程教授對於教育研究和改革與實踐所做的長期觀察反省的成果，是他近年（也主要是疫情以來）發表於香港主要中文報刊的文章的結集，涉及面廣。通讀此書，感慨良多，一時間竟然不知該從何處說起。程先生總是充滿憂患意識，既能夠見到深刻的問題所在，卻又能保持樂觀心態，積極而主動地處理問題，提出切實可行的改進工作的主張和建議。

程教授論教育時，總讓人看到校內與校外的統一，個體與社會的整合。既充滿了對於個體的尊重和愛護，又飽含對於民族、社會和時

代的責任與擔當，字裏行間散發出強烈的家國情懷。從東方到西方，從歷史到現實，縱橫捭闔。同時，見人所未見，發出振聾發聵的聲音。

這裏，以香港教育在疫情期間的表現稍舉一例。在病毒肆虐之時，香港的學校和教師與學生家長團結一致，共同抗擊，做到了停課不停學，期間出現了許多動人而精采的事例。應該如何總結經驗？我們乃至全世界應該從中學到什麼？程教授的分析別具一格，令人信服，發人深省。這正是眼下我們重新認識香港教育、講好香港教育故事所迫切需要的精華所在。

相當長的一段時間以來，一直想就程先生的學術風格和特點寫點文字。可是，由於總是疲命應付日常瑣事，一直未能如願。這次借此機會，一是向程先生及同行討教，二是給廣大讀者一個小小的溫馨提示，提供一個閱讀程教授作品的角度，以更好地領會他的思想和苦心。在受寵若驚之餘，草草整理以上文字，是為序。

2023 年 5 月 23 日晚於港大明華綜合大樓 421 室

楊銳

香港大學教育學院院長

前言
我的學習經歷

　　我 1949 年 3 月來到香港，開始在聖瑪利亞堂幼稚園上學。因為韓戰，香港陷入蕭條，家庭經濟環境不斷變換，在進入香港大學以前念過七所學校；不像其他同學接受一所學校的長期熏陶，但對於我後來從事的教育研究工作，卻是一種有益的背景。

　　讀書的時候，我是一名乖乖仔，考第一之外，什麼都不懂。不過我很相信自學，並非故意。中一的時候，我和胡仲豪、羅建南三人，嫌老師教得慢，自修幾何；後來的笛子、普通話都基本上是自學的。這也許是近年對學習科學情有獨鍾的原因——相信學習是人的主動行為，而不相信教育是由外而內的灌輸。

　　進入港大，念數理，那時候沒有選科，是 set-menu。物理，「不怎麼的」，是我們九位同學集體自學；輪流講完電動力學課本的每一章。大學裏，個個都是考第一的人物，應驗了高中時年的莊子《秋水篇》：「今汝出諸大海，乃知汝醜！」數學，則初嘗講究數理邏輯的「現代數學」，從莫名其妙到漸入佳境，但又愈來愈感到不支。畢業後加念了一個數學榮譽碩士，現在連課程的名目都記不得是什麼東西了。

　　不過，數學的訓練，不知不覺中，還是根深柢固。大學畢業，不旋踵，在筲箕灣辦了培元英文書院。26 歲做校長，純粹的數理邏輯思維，害了我良久。是在實踐中逐漸軟化，可以說是逐漸「懂事」。後來在大學授課，竟然醉心於質性研究，與講究數理統計的量化研究，剛好對立；但是內裏需要的，卻恰恰是沒有數字的邏輯推理。朋友說我寫專欄文章，也是很有數理的影子；那是不自覺的。

在創立培元之前，校監劉輝光（華仁退休教師）建議之下，我們收購了一所奄奄一息的「學店」，與後來在私校群體了解的巨型學校企業，強烈對比，兩者都留下了難以磨滅的印象。

培元收到的學生，或則失意轉校，或則程度不逮。但卻是回味無窮的一段經歷。教師都是年輕人，我們困難很大，但是創新很多。我們有一個目標：讓每一位學生有機會上台接受鼓掌。我們也努力做了。如今，教師和校友，還不時有聚會，都還記得當年的美事。這對我之後的教育理念，影響至大。

至於對教育宏觀發展的興趣——也是本書的主線索——則是我在筲箕灣辦學的時候，因為私校式微，開始感到教育發展有個無法阻擋的規律。一個偶然的機會，在灣仔一家書店，看到一本書的書脊——*The Economics of Education*。奇怪呀！教育怎麼會與經濟掛上鈎呢？從此開始了對宏觀政策的關注。我的第一篇論述性的文章，就是《信報月刊》上的〈教育經濟學淺談〉（1979 年 2 月），現在想起來，真是「膽粗粗」。

小小的私校結束以後，進了聖保羅書院（男校），又讓我經歷了截然相反的歷史、規模、文化和管治模式，眼界為之大開。之後到倫敦教育研究院念書，算是接受了正規的學術訓練，雖說基本上還是自學，但是對於人類社會的多元、思維範式的並存，算是開了竅。那是我關注文化元素的開始。

感謝大學給了我機會，參加過許多國際項目，到過許多國家，看過各地教育的文化特色。正值中國改革開放，1980 至 90 年代，為國際機構做研究，到過當年最貧困的農村，也看到農民對教育的熱忱。也到過印度和非洲的農村，更加加深了我對文化因素的嚮往。

有機會到哈佛授課，一個整年與九個春天。我自己設計的課程，就是 Cultural Perspectives in Educational Studies，從文化的角度看教育。那是極為難得的經歷——一班五、六十人，來自二、三十個國家，其中不乏有跨國經驗的、成熟的學生；探討文化差異，他們是我最好的老師。從此，把文化因素，看成是我探索教育問題的一條基線。

本書的線索，則是教育與社會的關係。1999 年開始的香港教育大改革，很多啟動的文件，第一句就是「社會變了」，潛台詞是「因此教育也要變」。社會到底如何變了？我當時只有一個模糊的概念。當時梁錦松與黃玉山提出的「樂於學習，善於溝通，勇於承擔，敢於創新」，其實也是知其然而不知其所以然。

2000 年，大學讀語言人類學的女兒，進了一所最大的投資銀行。才知道，讀什麼就做什麼，所謂「對口」，已經不是必然。她在西班牙巴塞隆拿接受入職培訓，不是財經的補課，第一個題目竟然是「How to manage your bosses」。不對呀！我教過的管理理論，line of command（指揮系統，意指公司每名員工對其指定或直接主管負責。）很重要，為什麼會有超過一個「婆婆」（bosses）呢？才知道，金字塔形的科層架構，也不再是必然。

感謝香港大學給我的機會，在負責籌款的那些年，有機會接觸很多教育界以外的朋友。腦海中那幅社會的拼圖，逐漸成形。追溯下去，原來人們的消費模式變了，大規模生產逐漸變為少量多產（less of more），最吃香的不是滿街的流行款式，而是「限量版」。伍沾德先生給我解釋其創辦的美心集團的多元化演變，更是一個非常生動的例子。

所有的見聞都告訴我，社會的變，是根本的、全面的、不可逆的。而且變得愈來愈快，變的幅度也愈來愈大。消費形態、生產形態、機

構形態、職業形態……都不再一樣。教育，又如何面對？

另一方面，許多發達經濟社會，人們轉工轉行的情況愈來愈普遍。引起我注意到，香港也不例外。而且還有不少人，不想打工，不想長期打一份工，不想同時只打一份工。有機會接觸不少年輕人，才感到他們的思想，特別是對於職業、事業、前途的看法，與我們 20 世紀長大的，很不一樣。他們不喜歡被環境支配，而希望能掌握自己的前路。而他們的思想，正好呼應了社會的變化。他們使我從人的變化，更清楚看到社會變化的不可逆，也看到教育理念的過時。他們是我的老師！

這也要提到我在大學當舍監的 18 年經歷。和年輕人一起生活，不只可以感到青春的氣息，也不斷受到他們進取思維的衝擊。忘年的友誼，使我與年輕人之間沒有芥蒂，有的是羨慕與佩服，「後生可畏」，對我來說，絕對不是客氣的恭維。這對於我感受時代的脈搏，非常重要。對於我從事教育工作，更是一種福氣。也使我保持好奇心，保持思想活躍。

我們今天的學校教育，基本上是工業社會高峰時期的產物。是根據經濟話語、瞄準就業、講究學歷的一種機制。但是，教育應該如何變？怎樣變？大概還沒有人可以說個明白。事實上，面臨這個變幻（volatility）、莫測（uncertainty）、多元（complexity）及混沌（ambiguity）的 VUCA 社會，講「破」容易，講「立」還需要很大的努力。

三年疫情，當然是莫大的不幸，但也許是我在思想上收穫最豐的 3 年。由於沒有了頻繁的外出，我有機會訪問了許多學校，也訪問了許多民間組織。每到一個地方，他們都會自豪地介紹他們的創新，可以說是無一例外。這與國際上喊苦的「學習損失」（learning loss），不可同日而

語。疫情背後的香港故事，逐漸呈現。而這個故事，又與社會變化悠然吻合。他們讓我可以跳出「困境」式的呻吟，看到了希望。

聽了我的香港故事，國際朋友說「這是一場靜悄悄的教育改革！」我也覺得幾乎是一場奇蹟。不幸的疫情，讓我們提前做了步入未來的嘗試。只想說一句：香港的教師真了不起！

幾年來，我給自己立下了一組話，也是我做演講的時候，常用的開場白。

學習是人的天性，教育卻不是
教育是人類為人類設計的學習系統
因此，教育帶着經濟、社會、文化、政治、信仰等的時代烙印。
也就是說，教育是會過時的！

這本書，也可以說是我的學習報告。裏面可以看到我從不同的經歷裏面，在大約三年裏面， 我的學習歷程。這裏面，有我重複提出的一些觀點；一些事例，也會在不同的論述中重複出現。沒有刪減，是希望重現我的學習歷程及其背景。希望讀者不厭其煩！

願這本書能為讀者帶來更多的思考空間。

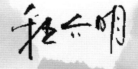

2023 年初夏

第一章：

教育
前景

學校會變成怎樣？

2011 年，經濟合作發展組織（OECD）即將出版一本書，書名是《回到未來：OECD 的四個學校教育情景》（*Back to the Future of Education: Four OECD Scenarios for Schooling*）。講的是將可能出現的前景。OECD 本來是一個以研究經濟為主的國際機構，但是近年來對於教育的全球概觀，貢獻不少。現時在教育界幾乎無人不知的學生能力國際評估計劃（PISA），就是 OECD 主持的。

四種情景 令人側目

書內提到關於學校教育的未來 4 個情景，包括：

一、依樣擴展（Schooling extended）。學校教育的架構與過程依舊，但是繼續擴展，國際合作會更多，科技發展將帶來更多的個人化學習。

二、教育承包（Education outsourced）。學校體系開始崩潰，各種社會力量逐漸直接介入教育。多元的、靈活的、私營的、數碼化的學習逐漸成為主流。

三、學習樞紐（Schools as learning hubs）。學校依然存在，但是變成沒有圍牆的開放地方，與社區緊密連接，多元化、實驗性變成常態。不斷出現新的學習機會、公民參與與社會創新。

四、隨時隨地（Learn-as-you-go）。沒有了學校，也沒有了正規與非正規教育的界線。一切都可以隨時在線上線下完成。

可以看出，這裏面有一些潛在的假設。第一，假設了科技發展會取代許多人類的生活模式，包括學校。第二，假設了學習的最高境界是個人化，群體生活沒有計算在這個公式裏面。

這些情景，會不會出現，其實並不重要；但是這些情景的提出，卻可以引起許多疑問，挑戰我們對於教育的傳統觀念與假設。

為什麼需要教育？像最後一種情景，「隨時隨地」，學習就像是吃飯，可以隨時隨地進行。聽起來很嚇人！但是細心一想，我們現在許多知識的獲得，不是在手機上通過上網獲得的嗎？那麼，假如學校的功能就在於供應訊息，豈非遲早會被廢除？那麼，剝除了訊息的傳輸功能，學校的功能到底是什麼？

「隨時隨地」，又挑戰了學校制度的結構。為什麼一定是 6 歲入學，又要一年一升？曾經在一個網上會議，聽到內地一個社會創新組織「北辰青年」的發起人宋超的介紹，他們為社會人士提供了許多很精采的、意想不到的學習機會，但並非一般的成人課程，也不是為了就業的再培訓，而是豐富了他們的生活，激活了他們的人生；把許多年輕人帶出了「不知、不能、不敢」的困境。這裏面，就沒有年齡、學歷、經驗的考慮。

驚人預言 卻有端倪

又如第三種情景，「學習樞紐」。筆者身為成員的組織「教育2.1」在2016年的倡議，就用過同樣的概念。當時是看到香港的學校，已經絕大部分都有不少的項目，是與社會上的其他機構——NGO、商界、團體、教會——結夥成立的，學生因此可以在校外的、現實的環境體驗。這也就教育 2.1 提出的「大教育」概念，是「全民為教育」

（all for education）。當時也是假設學校的圍牆將會打開。但是覺得，學生的學習，總應該有人統籌；為學生設計、挑選、評估，不能讓學生陷入不可測的社會黑洞。不過，打破學校的圍牆，讓社會進入學校，已經是不可避免的趨勢。這也牽涉到一個傳統的觀念：學用分離；學校是「學」的地方和階段「完成學業」才到社會上「用」。而這種觀念是沒有任何根據的。

2020 年末博鰲教育論壇，就是探討教育的社區化，把學校放在社區裏面，讓學生擺脫狹隘的學習，而經受社會大環境的體驗。

不期然想到內地教育家朱永新在去年出版的新書《未來學校：重新定義教育》。談論的人很多，但是認真從而思考的也許不多；許多教育界的大人物都不大敢評論。書面的小標題，可以說是正本書的核心：「今天的學校會被未來的學習中心取代」[1]。

朱永新不是一位高調的教育家，但是他發起的「新教育實驗」，卻得到全國超過 8300 多所學校的跟隨。他自己是一位非常勤奮的教育工作者，每天清晨起床閱讀、寫作。他提出的「書香校園」，得到非常多的學校的響應。他為中小學學生而出版的、供每天閱讀的詩集，從幼兒到高中按學期編輯；還有他推薦的學生讀物，難以盡數。他是一位非常實幹的教育家。所以，他這本《未來學校》，絕非一般的故作驚人之語。裏面分析現今學校的種種問題，非常準確而深刻。

朱永新這本書與 OECD 書的共同點，都是覺得科技會為學校帶來根本性的變化。全書的章節題目，都是問題，這裏不客氣把這些問題與主要的答案，略為列出，吊吊讀者們的胃口：

1.　朱永新（2019）。未來學校：重新定義教育。中信出版社

學習中心，誰來學？——有教無類、混齡學習。

學習中心，誰來教？——能者為師的時代，即將到來。

學習中心，學什麼？——學習內容個人化；學生說了算；知識拆牆；因材施教。

學習中心，怎麼學？——去除統一化，彈性時間與空間；遊戲化、項目化，認知外包（與 OECD 的「承包」類似）。

學習中心，怎麼評價學得好不好？——「學分銀行」。

學習中心，父母可以做什麼？——「從邊緣回到中心」。

學習中心，政府可以做什麼？——制定標準、劃定底線、當裁判員、當採購員。

學校轉變 勢所難免

大家可以窺見，與 OECD 的四個情景，極為相似。比如說，都預計學校的圍牆將會難以守得住，都預計科技會取代教師傳輸訊息的功能，都預計學生將會有彈性的學習時間和空間，都預計學生將會因應自己的特點而進行自己的學習。

但是也有不同的地方。OECD 假設教師將會被取代，朱永新則假設教師將會擔任新的角色。OECD 沒有談到家長的角色，也沒有把政府放進他們的公式。

朱永新這本書的出版，還可以說是一方之見，但是現在有了 OECD 的「情景」，說明：學校如何走向未來，已經逐漸成為教育發展議程的一部分。就教育而言，看不出有更重要的議論話題。

研究教育發展的，往往都有一種傾向，就是覺得教育作為一個體系，是由政府來改變的。實際上除了體系的整體發展，我們還要看到個人或者學校的意願也在不知不覺地推動教育的發展。上述香港學校與社會各類組織的結夥關係，並沒有政府的政策或者干預，而是學校在無形的互相影響之下，形成了一種大家都認同的走向。這種教育發展的模式，值得注意。

這些，不必要學校制度崩潰才會發生。學校是一個非常堅固的建制，有點像中世紀歐洲的堡壘。這些堡壘依然存在，但是已經沒有人在裏面生活。人們不需要破壞堡壘的建築，但可以因為社會的變遷而離開。

再想清楚，OECD 說的四個情景，其實在現實生活中已經同時存在。不同程度，學生的學習活動，有些已經「外包」（外判）；學校的日常工作，已經有不少是在統籌和協調學生的多元生活。至於隨時隨地，我們每個人都在通過手機實現。說是未來，未來還遠嗎？

（原載《信報》2020 年 11 月 20 日）

學校的牆逐漸消失

　　上文談到 OECD 關於學校未來的四種情景，又與朱永新的「未來學校」互相呼應。這之後，參加了幾個會議，不期而然，都與這個話題有關。國際上、中國內地、香港，在教育問題上的討論，話題正在迅速轉變，滙聚到「學校的未來」。

　　這種話題的轉變，是因為全球的疫情肆虐，學校被迫停課。停課帶來很多的不幸，在很多國家，冒着惡化的疫情還要復課，就是因為心痛與學生失去了教育。而教育，往往與「上學」畫上等號。「上學」很重要，學校是教育的重要基地，這大概沒有人會否定。關鍵是，當「上學」成為不可能，怎麼辦？

　　於是出現全球性的「線上教學」，其散播速度不亞於新冠肺炎。（雖然不排除世界有些角落、即使是富裕國家的有些角落，束手無策；學生白白喪失了幾個月的學習。）不過，同樣是線上教學，卻會有不同的取向。第一種：盡量希望能夠滿足實體課堂可以做到的。第二種：在停課的情況下，改變了不少學生的學習模式，有了不少新的嘗試。第三種：拋開原來正規課程的格局，設計新的學習嘗試。

　　這裏面，不同的社會與文化背景，會有不同的情形。例如在公開考試壓力大的地方，忙於完成應試需要的學習內容，就變成了教師和學生最牽掛的。不同的年級，也會有不同的情形。例如高年級的學生，自學的可能性就比較高。幼稚園，就始終是「重災區」。當然，教師的心態與水平、學校的文化、教育制度的運作模式，都令到各地發生的種種嘗試很不一樣。因此，全球的圖像，是非常多元參差，但也可以說是遍地開花，豐富燦爛。

不說全球，只看香港，也是一樣。有些學校，不習慣變化，開始幾個月，按兵不動，到後來也不得不變。有些學校，開始時勉為其難，權宜姑且，後來才熱起來，結果產生不少精采的經驗。也有些學校，平常就很多創新，廣納各種教學資源，停課之下，反而大展拳腳。不同的學校，其文化、習慣、心態都會不一樣。就算在同一所學校，不同的教師，也會有不同的態度和施展空間。香港因為採取「校本發展」模式，因此有橫向的多姿，但也有縱向的參差。這是現實。現實本來就是複雜的，只是人們慣於簡單的單一結論，來判斷或者描述一個複雜的情景。

學校社會 結成夥伴

但是，在種種五花八門、目不暇給的情形裏面，有一個明顯的共同點：學校的牆，正在被打開。是疫情，使學校的牆，不由分說地被迫要打開。也使學生，被迫要在學校圍牆以外學習。這與 OECD 的學校前景——教育外判、學校成為學習中心等不謀而合。這也是為什麼近期的網上討論，不論是國際、內地還是香港，正在逐漸移向「學校的未來」。因為疫情期間發生的種種，誘使人們去考慮：把學生關在學校的牆內，必要嗎？足夠嗎？合適嗎？也誘使人們去考慮：把學生放到學校的牆外，有可能嗎？有優點嗎？有缺陷嗎？

再想一想，學校的牆，其實已經不斷的在打開。不過疫情之下的停課，迫使我們去打開「課堂」的牆，而課堂往往被認為是學校教育的核心。不是常有人說：「教師要教好每一堂課！」「學生的轉變，由課堂開始！」課堂沒有了，就成為對學校教育最大的挑戰。

為什麼說，學校的牆，不斷的在打開。第一種情形：學校授課結合現實。這本來是多年來許多教師所做的，良好願望是希望學生學的

有用，又或者學得有興趣。今天看來，其意義，其實是脫離「分數」、「考試」、「學歷」這些「實際」，把「課堂」擴充到課堂以外。這是過去在不知不覺中走過來的。回想筆者在學校學物理，牛頓定律，是從黑板上的公式開始的，接着就是習題計算，根本沒有空間知道其實在意義。是完全另外一種學習，現在已經比較少見。

社會參與 已成常態

第二情形：把社會引進學校。學校邀請校外的力量，進入學校——家長進校、校友回校、嘉賓講座、駐校音樂家、駐校美術家、駐校作家、體育教練、舞蹈教師……在香港學校已經是司空見慣，不是什麼新聞。都是把校外的現實，拉進校內的學習生活。就像港大有法律教授，從社會新聞、街頭現象學習法律理論，讓學生實實在在地感覺到，理論是從社會上來的。

第三類情形，把學生送進社會。這在最近幾年，愈來愈廣泛。2016 年一項全港 1595 所學校的調查，包括中學、小學、幼稚園、特殊學校，平均每所學校 11.3 個項目，屬於與校外社會上的機構結夥；涉及超過 5000 個校外單位。除了一貫的種種比賽，很多都是課程以外的活動，把學生的學習經歷，拓展到學校以外的現實環境。也有一些項目，讓學生到真正的社會崗位，親身體驗工作的現實（而不是職業培訓）。

第四類情形：在學校以外學習。這裏指的，不是校外的補習學校，而是失學的兒童。筆者曾參與籌備在香港舉辦的「Clinton Global Initiative」（2009），就接觸過印度一位女教師，在火車站開班，讓在流浪的孩子學習基本的生活技能，也讓他們有信心尋找自己的前

途。在香港這樣的社會，也有中途輟學的青少年，他們如何學習？稍為年長，不通過學校而學習，由於電子平台的普及，就更加是一種普遍現象。

第五類情形，建設學習型的社區。2020 年博鰲教育論壇的主題，就是關於教育的社區化。世界上已經有不少地方，作了很有意義的嘗試，把整個社區，建設成為一個學習社區。港大建築系的同事，也曾經在內地設計一個學習型的社區，裏面的學校設施，已經融化在社區裏面。另一個出名的例子，是加拿大的綜合學習指標（Composite Learning Index），是根據聯合國教科文組織（UNESCO）的學習四大支柱 —— 學會生存（learning to be）、學會學習（learning to know）、學會實踐（learning to to）、學會共同生活（learning to live together）—— 設計出一個指標體系，用來標誌一個城市的「學習化程度」，共 17 個領域，26 個指標。例如：學生的解題能力、在職培訓的機會、每戶用在圖書館、博物館、現場表演藝術的支出……等等

疫情衝擊 挑戰觀念

但是因為疫情，看到的卻是新的一面。香港的「翻轉教學協會」在一個港大與內地「教育三十人論壇」合辦的大型論壇上，首先提出的是在線上運作，「如何面對有學習困難的學生」，引起了聽眾很大的興趣（當時境內外有 4.5 萬聽眾）。同一個會，江西寧都的教育局長，介紹了如何在疫情中，運用線上學習，讓學生有了新的學習興趣，也有了新的自信心；而這個縣，本來是一個貧困縣。筆者最近到過不少學校，也看到不少教師，在疫情之下，正面積極地讓學校出現新局面；而這些學校，有些因此轉弱為強，有些因此全校教師、師生更加團結，甚至有些從瀕臨倒閉的邊緣，而變得生氣勃勃。

筆者的觀察，這是因為疫情的衝擊，打破了舊的思維與規限，絕處逢生，反而帶來了新氣象。他們有了新的目標、新的途徑，反而摸索出新的教育意義。這就是教育的新常態。其意義，不可小覷。

　　由於學生知識增長的途徑不一樣了，學校的牆，正在消失。絕不是不要學校，而是學校的角色正在改變。學校教育的意義，會很不一樣；人們對學校的成敗優劣，也會開始有不同的觀念。人們對學校的排序，將會很不一樣！

　　　　　　　　　　　　（原載《信報》2020 年 11 月 27 日）

形態・常態・生態

上文談到，因為疫情的牽動，國內外的教育話語，正在轉移，都在議論學校教育的未來。最近，國內外又有不少會議，主題是教育的生態。這也許是討論教育發展一個很好的概括性話題。

先說形態。目前教育的形態，是工業生產的形態。把學生作為原材料，放進學校體系這座生產機器，在機器的另一端，出來的是社會上有需要的各類人力資源。也就是說，學校體系的基本功能，是把「人」（human beings）塑造成「人力資源」（human resources），以配合社會發展的需要。

這種形態，全球幾乎一樣。美國的「21世紀技能」（21st century skills），是新世紀人們在工作中新的需要；是新世紀人力資源的特質，而不是「人」的特質。因此在新加坡就改為 competencies（中文可譯為能力），而且是以培養人的四種特質作為出發點，包括自信的人（Confident Person）、自覺的學習者（Self-directed Learner）、有心的公民（Concerned Citizen）及主動的貢獻者（Active Contributor）。

台灣與中國內地，不約而同，則以「素養」——人的內涵——作為教育的目標，進一步擺脫了「人力資源」的純經濟話語。然而，在中國內地，從教育的話語來說，上上下下，不論是政府還是前線的教育工作者，都說教育是為了「培養人才」。「人才」，筆者認為就是「人力資源」。「人才」是否有更寬的涵義？筆者願意向讀者請教。

說當代教育的基本形態是工業生產模式，並不單單是看學校體系的產出目標。香港在1973年開始，作了當時頗為先進的「人力預測」（manpower forecast），在30多個行業中，根據僱主調查和數學推算，

預測一些主要行業兩年內的人力需求。香港是自由市場經濟，當年尚且要留意某些「人才」是否會短缺，又另外一些「人才」是否會過剩；用來指導教育（特別是職業教育）的發展。至今，世界上很少政府，不做類似的人力預測，甚至「人力規劃」（manpower planning），以防止人力的供需失調。

現代教育 工業形態

這種教育的形態，不是從來就有的；是 19 世紀中葉，工業社會步入頂峰時期的產品，一般以英國 1870 年的《初等教育條例》（*Elementary Education Act*）作為起點。在這以前，英國不是沒有教育，教育是家庭或者宗教機構的職責，是為家庭（例如農耕）或者是個人的工作需要（例如學徒）。也不是沒有學校，但基本上是社會上層的精英活動。是 19 世紀，才第一次設立為社會服務的學校體系。以為人數眾多，就需要把人分送到學校，學校裏面又要分成班級。

它還有幾個特點（一）劃一的起點與終點，（二）劃一的學習內容（課程），（三）標準的學習環境（課堂、黑板），（四）標準的加工模式（教師口授），（五）嚴格的質量控制（考試）。是一個相當有效的篩選和分流機制，把人分等、分類。這就達到了塑造人力資源的目的。

這種形態，在工業社會，行之有效。人類不管願意不願意，都要馴服於教育的分等、分類，那就靠威力無窮的「學歷」（credentials）。今天學校制度的得以屹立不動，「學歷」的認受性是一個根本因素。「學歷」是廣義的——幼兒園為了進名小學，小學為了進名中學，中學為了進好大學，大學為了一紙文憑。直至 2019 年，美國智庫阿斯彭學會（Aspen Institute）還在提出，中學要講究 college-ready；大學要講究 career-ready，說是要為學業及就業做好準備。現在也有不少述說，認為幼稚園是為了 school-readiness（為入學做準備）。

所以，在工業社會，常態是：一紙文憑，就可以一勞永逸、一帆風順，很可能就在一個行業、一個機構裏面從一而終。這是工業社會典型的職業形態。

但是現實已經很不一樣。不妨留意一下我們的周圍，大學畢業生就業不一定與所學「對口」，轉工轉行趨於頻繁，自僱創業的愈來愈多，同時從事一個或以上行業的斜槓族（slasher）大不乏人。這已經是新的「常態」，即使沒有疫情，已經在悄悄地佔領着社會每一個角落。

社會變幻 新的常態

筆者的觀察，這是社會變化的必然結果：商品生產，已經供過於求；生產目的，已經從滿足需求，變為營造慾望；講究的是用品個人化、個性化、量身訂造；因此大量生產，轉為少量多款；也因此，金字塔型大機構愈來愈少，代之而起的是小的、扁的、易變、靈活的小機構，走向一站式服務。社會正在迅速碎片化。小機構對於僱員沒有了以往的期望與保障，僱員因此也沒有了對機構的期望與忠誠。

處身於瞬息萬變的職業現實，21 世紀長大的人，面對的，不再是我們在 20 世紀看慣了的「常態」。他們沒有了在一個大機構裏從一而終的現實；「人浮於事」，已經是新的「常態」。因此他們對職位、收入、晉升的輕蔑，也就很容易理解。這也許就是「後物質世代」（post-materialistic generation）出現的背景。不理解的，是我們生活在「舊常態」的一族。

　　總的來說，傳統的工業社會正在逐漸離我們而去，工業社會教育體系的支柱──學歷，它的認受性也正在不知不覺地遭到衝擊。一些發達國家大學生的退學，是一種訊號。

　　在這新舊交替的當下──新的正在擴散，而舊的又未全退──我們的不適應，可以理解。前不久，聽到對有青年「三年轉八次工」感到嘆息，其實這已是「常態」。香港前任政府提出的「生涯規劃」，希望學生盡早找到自己的志趣，其實是與現實的趨勢背道而行。也不符合人們尋找志趣的規律，很多人的志趣，是在現實的工作中摸索前進的，更何況可供的選擇天天變幻。

　　可以說，「新常態」的提出，遠在疫症出現之前。但是疫情的持續，正在進一步衝擊我們習以為常的「舊常態」。甚至衝擊前面提到的「舊‧新常態」。很多人都認為，即使疫情過去，將難以恢復以前的「常態」。奢侈的消費，也許一時難以恢復；過量的生產，也會因為投資意欲與供應鏈隔斷而減退。加上分裂、敵意、仇恨的意識充斥全球。社會只會進一步加速碎片化，個人也會更加自由但也更加孤立。

　　學歷的功能逐漸減退，還要教育嗎？還要學校嗎？人們對教育、對學校的不滿與懟怨，可以說是遍及全球。筆者到過與接觸過的國度，民眾對自己的教育感到滿意的，可以說是絕無僅有。人們往往對身邊的制度與政策洩憤，但是筆者認為，更大的根源，是教育已經不能適

應社會的變化。處於變幻莫測的「新常態」，個人必須適應新的變化，而且在瞬息萬變的環境中，尋找契機、開創窗口，才能不斷成功，不斷活得有意義。

學歷功能 逐漸減退

因此，教育必須反璞歸真，從「學歷」的緊頭箍釋放出來，回到「學習」。20 年前課程改革的主題是「學會學習」、不斷有人提倡的「終身學習」，也有了新的詮釋。

為什麼疫情會帶來「未來學校」的討論？是因為疫情導致的停課，迫使學校和教師要讓出空間，要學生自主學習。筆者不斷提出，這是一場難得的試驗。學生不在學校，不在教師的監督下，是否還能夠學習？這場試驗，講究的不是成敗；因為這是一種全新的形態，教師與學生都要適應，當然不會馬上非常成功！但是卻為我們打開了一個大窗口：原來學生的學習，還可以有另外的一種天地！於是有了 OECD 的學校教育四種情景，總的方向，是學校要「拆牆」。學校要拆牆，才有可能找到出路！粗看似乎虛幻，但是因為疫情之下的實踐，本來遙遠的，好像被拉近了。

但是，學校要改變，不可能就在教育體系裏面變。上面提到現代學校體系的出現，也並不是學校自身演變過來的。學校的改變，還需要圍繞着學校的許多元素，一一改變。這就是為什麼需要探討教育的「生態」。這是一個新課題。下文再談。

（原載《信報》2020 年 12 月 04 日）

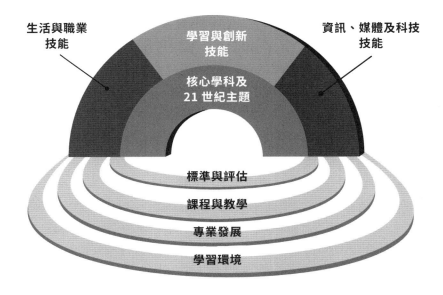

美國 P21 的 21 世紀技能框架（P21 Framework for 21st Century Learning）

（圖片來源：維基百科）

中國內地於 2016 年發布「中國學生發展核心素養」，以「全面發展的人」為核心，
分為「自我管理」、「文化修習」及「社會參考」三方面。

（作者提供資料製成）

教育新生態

　　生態，是教育所處的大環境，並不局限在教育體系內部。筆者有一個說法：學習是人的天性，教育卻不是。教育是人類為人類設計的學習系統，是人為的建制。因此，教育總是帶着經濟、政治、社會、文化、信仰等等的時代烙印。也就是說，教育是會過時的。我們，正處在這種尷尬而又關鍵的歷史時刻。

　　上文提到，在工業社會以前，19 世紀中葉以前，學校是為家庭服務的。那時候基本上是農業社會。筆者在美國麻省的 Sturbridge，參觀過美國一所早期學校。這是一條旅遊村。裏面的人，過着 1836 年時的生活。筆者在當年的第一所學校上了一課。之後問老師，「孩子為什麼要入學？」老師說：「因為他們要到波士頓打工，因此要學讀、寫、算。」所以在美國來說，當時的學校是為了打工，而教育的基本內容就是讀、寫、算。是生態的變化，工廠的出現，產生了學校。那時候，學校基本上還是為家庭服務的——讓孩子可以出城打工。

　　英國的 1870 年《初等教育條例》可以說是教育社會化的先河。當時英國的工業急速發展，不少工業家認為要保持英國在工業製造的領先地位，必須發展教育。此條例明令 5 至 11 歲的孩子入學，這是辦學成為政府行為的全球首次。社會的生態變了，需要大規模具備一定基本知識的勞動大軍，政府辦學、強迫入學，成為了必須。

　　第二次世界大戰以後，由於「人力資本」理念的出現，各國爭相發展教育，作為全社會的投資。首先是普及小學，跟着是九年義務教育。教育更加是一種全社會遍及性的事業。這就需要有政府充分的投資，要有學校教育的基本裝備——校舍、黑板、桌椅、課程、課本、圖書館、實驗室、運動場⋯⋯等等。於是有其他生態性的要素：學生

的人數、教師的來源與素質、課程的設置、教育經費的分擔、畢業生的就業⋯⋯

教育生態：社會大環境

　　首先有教育生態這個概念的，是美國教育家庫姆斯（Philip Coombs）。他是提出「教育規劃」的第一人，他創建了聯合國教科文組織屬下的國際教育規劃研究所（IIEP）。當年出了一系列薄薄的小冊子，各國教育規劃者奉為必讀，第一本就是他於 1970 年親自寫的《什麼是教育規劃？》（*What is Educational Planning?*）只有 61 頁的小冊子，至今為人所引用。裏面提到了教育發展的長遠考慮（現在與將來的關係）、全面考慮（教育與社會其他部門的關係），以及教育體系內部各個方面的相互關係。堪稱是用「生態」的視角來探討教育發展。不過，也可以說，當年的「教育規劃」，聚焦於學校的正規教育。延續至今，世界上大部分政府的教育發展，還是聚焦學校的正規教育。

　　但是，不久，庫姆斯就有感學校並不足以涵蓋人類的學習，因此率先提昌並推動「非正規教育」，實際上是提倡正規學校教育以外的、放在社會裏面的教育。不過，庫姆斯這方面的先見，只得到的微弱的共鳴。以學校為本體的正規教育，仍然是各國政府發展教育的焦點。

　　現在，社會又不一樣了。如前文所述，社會正在不斷地碎片化，個人正在變得愈來愈自由，但面臨的前景也愈來愈變幻莫測。學歷已經不足以支撐個人多變的未來，不管學校的形態會如何變化，學生一定是愈來愈需要不斷學習、隨時學習、到處學習。如上文提到的，「學歷」已經不能讓學生受用終生。也就是說，學校提供的正規教育，已經難以涵蓋學生需要的學習。

這也是最近探討「未來學校」的原因：學校的牆要不要拆？近來的討論，國內國外，彷彿都在探索學校拆牆的可能性，或者是拆牆以後的情景。這些討論可以有兩種走向：一、學校將會消失在社會之中；二、學校將在社會中擔任新的角色。這裏面一個關鍵的元素，是如何看待「科技」。認為科技終將取代學校和教師，是一種思路，是英語社會總的傾向。在他們的文化中，在「人」與「物」之間，「物」是決定因素；因此科技就是未來。而在東亞筷子文化中，「人」是決定因素，但是如何對待科技，東亞文化似乎陶醉於自身科技的先進，還來不及探討人與科技的關係。

未來學習：社會大教育

筆者認為，學校還會存在，而且擔任關鍵的角色，但是勢必會脫離包攬學生學習的角色，這不是任何意志或者政策可以左右其發展的。於是必然會出現教育的新生態。這裏嘗試描述一下這種教育新生態的幾個方面。

一、學習條件。幾十年來，教育發展的注意點，是「入學」。一方面是盡量讓更多的學生入學（發展中國家的中小學入學率、發達國家的高等教育入學率），另一方面是不斷提升學校的資源（主要是人員與設施）。焦點是學校。疫情的停課告訴我們，科技可以為學生學習開闢另一個天地。不管我們願意不願意，主動學習、自覺學習、在家學習等等個人化的學習活動，將會不由分說地成為教育新常態的一部分。那麼，教育的資源，只放進學校就很不夠，需要遍及每一名學生。也就是說教育投資的重心，需要從學校往下移到學生。具體來說，就是像疫情給的啟示，每一名學生都要有充分的條件──物質條件、家庭狀況，足以實行個人化的學習。

二、社會資源。學生的學習，必然會擴展到社會。一方面，很多必要的體驗與學習，只存在於社會現實之中；另一方面，理論與實踐的關係，必然會有一個大改變，因而讓學生的社會實踐提前發生。從另一個角度看，也就是說，社會各方面都需要承擔對學生的教育責任。在香港，已經有數以千計的社會機構和組織，為學生提供學校以外的學習經歷；而且這些機構與組織，看來也為這類的貢獻感到高興和自豪。前述「教育2.1」提出的「all for education」、「大教育」，全社會為教育做出貢獻，香港算是先行，其他社會很少有如此的規模。值得為自己鼓掌。這將會是教育新生態中一個關鍵性元素。否則，學生的學習就只能困在學校和家庭裏面。

教育資源：重心在學生

三、家長角色。這是另一個關鍵環節，也是最困難的環節。前文提到朱永新提出的，家長的角色，將會「從邊緣回歸中心」；也就是說學生的在家學習，家長的責任很重要。但是「家庭」是社會不平不公的寫照，也是悲歡離合的光譜。教育本身無法克服家庭的貧富懸殊，也無法促進家庭的和諧共處。但是，大家都明白家庭是教育新生態重要的一環，很重要。社會工作或者將有新的部門，一些久曠的社區中心，也可以恢復生機。其他還可以做什麼？

四、學校角色。教師的輸送訊息與知識的功能，必將逐漸為科技所替代。只要想像一下，假如學生考試可以帶上一部電腦，將會是怎樣的一種情況。但是教師不會消失，他們將會扮演學生學習輔導員、同行者的角色。而最重要的，學校是一個群體，是一個比較穩定的群體，是學生學習共同生活的最佳設計。這是機器無法取代的。由於文化傳統，香港的學校都不會忽視德育、忽略課外活動、不設學生組織、

沒有班主任；在這些方面，大家都知道教師起着無形的但是極為關鍵的作用，未來必然更為重要。教師的「師傅」（mentor）角色就會愈來愈顯著，也就是全面地幫助學生的成長。

從上面可以看到形態、新常態、新生態的連鎖關係：教育的工業生產形態勢必逐漸減退；疫情和停課、科技的強勢介入，啟示了教育勢必進入的新形態；而新形態的出現，必然把教育從學校擴展到全社會。這個過程中，學習必然愈來愈個人化，而全社會的資源（包括政府與民間），學校以外，必須分配到社會的每一個角落，支持每一名學生的學習；這也許就是教育的新生態。

（原載《信報》2020 年 12 月 11 日）

新生態：就在身邊

前文探討了教育的新形態、新常態，現在談新生態。有些讀者或者會說，這些都是虛無縹緲的前瞻，「離地」，離開我們的現實太遠了。本文是想說明，教育的新生態，已經在我們身邊不斷發生，而不需要等待政府的政策，或者是某個能人的振臂高呼。而這些變化的發生，你和我都會有各自的貢獻。

回顧前文提到OECD的學校教育四種情景：照舊擴展、教育外判、學習樞紐、隨時隨地。筆者的觀察，裏面其實蘊涵三個要點：一、聚焦學歷轉為聚焦學習；二、學習將逐步走向個人化；三、聚焦學校轉為全社會投入教育。

這三點，都沒有直接觸及學校的存亡。但是OECD的第四種情景，學習可以隨時隨地，實際上也沒有說學校可以不再存在。筆者認為學校不會消亡。第一、因為學生的學習，是建築在人類一往積累下來的智慧。學校的實質，是把智慧人傳人的機制，沒有理由要學生，不顧前人積累的智慧，像原始人一樣，從零開始。尤其是幼兒與少年的學習，需要成人的協助，包括設計、統籌、採購，這些是學生自己做不來的。

第二、許多學習，有沒有教師的輔導與引導，大不一樣。因為科技，學生的知識可以超越教師，但是教師是有經驗的學習者，可以減少學生不必要的盲目探索。教師，看過許多人的學習過程，可以說是學生學習的「教練」。許多概念的提煉，需要教師同行。也就是說，學校和教師仍然需要存在，不過教師的角色變了；也就是朱永新說的，真正需要「能者為師」。

第三、更重要的是，學校為學生提供了一個比較穩定的群體，而這是人類學習一個重要的方面。這種學生個人創造不了的，也是家庭無法提供的。疫情之下，人們最懷念的，就是學習裏的群體生活。人們說，教育是人影響人的事業，這將是永恒的真理。一般以為就是指教師的重要角色，其實也包括學生之見在群體中的互動。

未來學校 因材施教

但是未來的學校，與現在會不一樣，最大的分別是為學習的個人化而設計、統籌、採購，而不是現在的劃一「套餐」。就像今天的營養師、健身師，為你設計適合你的個別化方案；又像中醫，給病人開的藥方都會因人而異。

這種種，就難以把學生的學習關在目前形態的學校裏面。也就是說，學生需要的學習經歷，超越了目前的學校能夠供給的。學生的學習，必然會滲透到廣大的社會和自然界。學生學習的社會化，就成為教育的新生態。從這個角度看，學生學習的社會化，其實已經在逐漸發生。主要有兩個方面。

首先，讓社會進入學校：前文提過，學校從社會獲取學習資源，已經是香港學校的常態。一、學校從社會聘請各類專業人士，增潤學生的學習生活——兼職或者駐校的音樂家、體育教練、美術家、舞蹈家，邀請校外人士對學生作講座，等等。二、校友、家長、社會人士、社區人員，進入學校，為學校提供協助。三、學校獲得社會的金錢捐贈，或者獲得校外針對性的資源注入，例如有些學校獲贈特殊教育的設備、學生健身室、製作三維卡通的設備、等等，已經不是新聞。四、與科技公司合作，建設校內的科技應用。五、大學的正規科研，在學

校設立實驗室，讓中學生也可以參加相當前列的科研。這一類的社會參與，全球都會有，但是在其他社會，一般出現在資源比較豐富，理想空間比較大的私立學校，或者是富裕學區；不像香港這麼普遍。

其次，把學生送進社會：學生在社會現實中體驗學習。這在香港也已經是常態，可以說在全球是先行。前文介紹過，2016 年有一項普查，香港 1595 所學校，包括中、小、幼、特殊學校，平均每校有 11.3 項與校外單位合作的項目。細看其中的數據，除了人們熟知的如比賽、或者與科技機構的合作，其他許多都是供學生學習是機會。這裏略舉幾個例子：

校外學習 已成氣候

一家保育活化的舊紡織機構，為弱勢學校的學生設計了一個暑期計劃，讓她們經歷真正從原料、設計、和製造的過程，結果她們出品了一款非常有創意的書包，是可以推出市場的產品。參加這個計劃的另一所學校，學生研製出一款可以發電的風褸，令導師嘆為「超級有創意」。有些學生甚至因此對紡織產生了真正的興趣。

一項由政府基金啟動的項目，設計了讓弱勢的學生短期上崗工作的項目，獲得超過 350 家商號的支持。這不是職業培訓，也不是見習，完全是社會體驗。學生一方面學到了許多學校教育包不進的，簡單的如得體的衣着、禮貌、準時；較深入的如見證了人們工作的認真、耐性；也感受到人家對自己的循循善誘與真摯期望。更重要的是他們看到了自己的價值，覺得自己有用、有前途；而這是在學校的分數和成績裏面是找不到的。

還有的例子是筆者不斷介紹的。在香港土生土長的第一代飛機師，為了回報社會，為弱勢學校小學生設計學習航空基本知識，學生當然是樂不可支。還教他們摺紙飛機的技巧，帶領他們在歐洲競賽中得了冠軍。在香港工作的外籍人員，每個周末都會打欖球，弄得滿身傷痕；但又覺得要回報社會，也是傳播他們提倡的 Rugby Spirit（欖球精神）；於是與弱勢學校合作，培訓小學生打欖球。學生學到了技術，也學到了堅韌與合作，但也學多了英文。

最大阻力 學歷考試

現在香港還有數不清的結構和組織，在設計和實現在學校課程以外的學習：正向學習、成長心態、學生福祉、中外禮儀……有些是進入學校的，有些是在校外舉辦，學生個人參與的；也有兩者兼顧的。

這些，都在為教育新生態增添磚瓦：把學生的學習擴大到學校以外，把學習的天地擴大到全社會。因此說，教育新生態的形成，我與你都有貢獻。

於是會想，形形式式的校外「學校」，算不算也是教育生態的一部分。當然算！這裏面又分為兩種：一種可以稱為「補充學校」，例如音樂、美術、武術、舞蹈、體育、甚至哲學，是提供學校沒有或者不足的領域。另一種是「補習學校」，是為學生的考試作加強訓練的。

這兩類學校，都會因為教育生態的變化而變化。補充教育，看來本身是健康的。目前出現的，是家長的問題，是由於有些家長的過量安排，對孩子形成了負面的壓迫。這些學校或者教師的貢獻，應該說是正面的。比如說，目前學校的音樂教育，是培養基本音樂素養，而

不是為了培養音樂家，因此基本上是一視同仁。校外的音樂學校、音樂教師，卻成就了許多出色的音樂家。新生態發展下去，也許會有更多更強的這類學校，OECD 的教育外判，也許會在這類學校首先實現。還是拿音樂做例子，校內的音樂教師，校外音樂補充學校的教師，本身也是音樂家。校內校外，教師與專家，再也無法區分。那將是教育新生態的一個側面。

補習學校，是因為應試的社會文化而產生的。一天考試仍是高風險，「補習」這種現象，就一天不會消失，考試與補習，是同一現象的兩種表現（two sides of the same coin）。這就涉及教育「新生態」形成的主要阻力：高風險考試。考試的高風險不變，學歷的追求依然「掛帥」，學生就不會有太多的空間去迎接更多的學習經歷。教育的新生態就無法順利形成，最後是學生終生受害。

（原載《信報》2020 年 12 月 18 日）

教育新生態：動力、阻力、潛力

前文論及教育新生態，也就是教育將不局限在學校，或者說學校將會成為學習樞紐，也是朱永新說的學習中心，負責設計、統籌學生的學習活動，而這些活動將在社會各個層面與部門發生。學校把學生送進社會，或者說為學生「採購」社會上的學習經歷。

前文也提到，這類的活動，已經悄悄地以各種形式在香港發生。有些具有全球性，已經存在很久，例如針對考試的補習、體藝學習的補充。有些在東亞社會或者西方的精英學校已是傳統，例如兼職或者駐校的藝術家、運動員。有些則在外國也許是鳳毛麟角，在香港則逐漸普遍，例如校外機構和人員，提供課程以外的學習，或者提供實際工作的體驗，如商店、企業，甚至農場。2016 年「教育 2.1」的倡議之一，就是集中後者，稱為「大教育」。這種「大教育」，如此大面積的遍地開花，香港可以說是先行；在其他社會很少見到。

下面探索一下教育「新生態」下一步發展的動力、潛力、阻力。

一、這方面，政府的政策起了啟動的作用。2002 年代《學會學習》課程改革，讓出了空間，容納和鼓勵非傳統的學習經歷，其中就有「應用學習」和「其他學習經歷」，雖然得不到大學入學的注意，卻的確打開了新的天地。目前教育局稱為「全方位學習」。其中就包括了許多社會上不同的機構：如海洋公園、迪士尼樂園、社聯、世界自然基金會；還有大台主音樂社企、歷耆者、國史教育中心；也有不少學校的創新項目，在網上與其他學校交流觀摩。

二、假如把這種教育新生態稱為「大教育」，那麼上面說的「遍地開花」，是有點文藝性的誇張；雖然幾乎每一所學校都會有若干項

目，但是這類項目，一般只能夠惠及少數學生。這些項目的特點，就是規模很小。因此，要遍及全體學生，還需要很大的努力。也就是說，還需要更多更多的項目，讓學生都能夠有更加多的校外體驗，也讓更多的民間機構，為學生提供體驗的機會。那才是真正的遍地開花。

學校動力 不可小覷

三、雖然上面說政府政策有啟動作用，但是今天遍地開花的局面，卻絕大部分是民間自發的。這又包括兩方面：學校與社會。先說學校，下面再看社會。學校感到需要把學生送到更寬廣的天地去學習，是校長和辦學團體的眼光與理念。既沒有政策的硬性驅動，也沒有任何的金錢誘因，有的也許是學校之間的互相促進、互相呼應。學校與辦學團體的這種動力，不可小覷。

四、這些項目，很多把注意力放在「弱勢」學生身上。這是有道理的，因為這些學習經歷，可以讓學生體驗「分數」以外的價值觀，掙脫了「成績」與「學歷」的枷鎖，從而看到自己的價值，覺得自己有前途。有一個項目的一份報告，題目就是《我才有用》。很多人誤會了，以為有些項目，是為了學生有一份職業；也許有少數的學生的確在體驗中，找到了自己的職業方向，但是大多數學生的體驗所得，遠遠超過了職業導向。這一點，有時候連主辦的人，都弄不清楚，以為是為學生就業找出路。假如放開「職業導向」這種思路，離開職業培訓的思維，社會上可以提供的學習經歷，就更多了。

五、然而，成績好的學生，學術上成功的學生，就不需要這種課程以外的學習與體驗嗎？也許剛好相反。沉醉在「分數」的成功感，把追求學歷作為唯一的學習目標，其實是把他們的自我價值，鎖在「成

績」裏面；犧牲了尋找和建立自我價值的更大天地。面對變幻莫測的崎嶇前路，他們反而會準備不足。這裏絕無意思提倡學生放棄學業，在可見的將來，「學歷」仍然會是社會流動的「入場券」；但是這張「入場券」的功效，將會隨着社會的進一步碎片化，也會隨着個人的年齡，逐漸減退。如此一想，成績好的學生對於在校外社會上實踐體驗的需求，就更大了。這是全體學生的事，每一名學生，都會在大教育的新生態裏成長。

民間參與 不亦樂乎

六、香港學校與社會的結夥合作項目很多，裏面另一個重要因素，是社會機構的積極主動。可喜的是，就筆者接觸過的有關人士，都會對於他們提供的項目，津津樂道。由他們自覺發起的固然如此，被邀請而參加的也是如此。一個單位介紹另一個單位的，比比皆是。他們沒有覺得麻煩，而是覺得自己為社會做出了貢獻；他們常常為了參與這樣的項目而自豪。這與筆者在大學負責籌款時看到的有點相似――「施」比「受」更愉快。也與大學裏「師友計劃」看到的相似，能參與教育下一代，不亦樂乎！這些訊息，應該廣為傳播。現在這些項目，很多是短期的，要真的形成新生態，還要把這種情形變成經常性的常態。況且，目前有參與這些項目的單位，估計應該在 4000 到 5000 之間，即使只計商號，以香港 30 多萬家商業註冊作估算，還是少數。

七、而在「新生態」的發展過程中，也要避免凡事都指望政府。現在是政府功能逐漸減退的世代，全球如是，民間的力量會逐漸成為重要的關鍵。在教育，看來必然如此。因此在「大教育」新生態的形成過程中，需要認真珍惜學校和辦學團體的自發努力，他們將是大教育發展的主要動力。尤其是在新形態之下，整個社會碎片化。聽過數

據科學專家郭毅可教授（現任香港科技大學副校長）的演講，由於大數據的廣泛使用，許多「中心」都會消亡，他舉的例子是商店、食肆、銀行……略加推廣，「去中心化」已是社會的普遍常態。教育的新生態，最後必然是學生的學習經歷，散布在社會的各方各面，而不是由政府或者某個大機構，劃一統籌。這也許是「元宇宙」的雛形。政府在資源、訊息等方面，也許有不可或缺的角色，卻不可能統籌遍布社會各個角落的學習機會。過去幾年，風風雨雨之中，香港的學校，依靠自己的團結、交流和互動，撐起了香港的教育制度。千萬要珍惜這種動力！

解除阻力 大學有責

八、任何發展，都不會一帆風順。在教育新生態的形成過程中，高風險的考試與大學的收生，將會是兩個可能最大的阻力。傳統的教育來源於工業社會，核心在把人轉換為人力資源的學歷。公開考試沒有根本的轉變，學生就仍然被困在考試成績和分數裏面，他們就會成為學歷價值觀的奴隸，而沒有空間去嘗試和探索另類的學習，找到自己正真的價值觀。大學收生，更是阻力的關鍵。今天的社會，要經過尖銳的競爭才能進入大學，甚至有學術資格的青年，也會無法進入公帑支持的大學，是說不過去的。香港的高等教育規模，仍然停留在幾乎 30 年前的理念。把我們的青年人，困在爭取考試成績的思想牢籠。再者，純粹靠成績作為挑選入學的準則，已經逐漸過時，不少國外傳統大學，正在摒棄以分數成績錄取學生。香港的大學，是否也有意參與教育新生態的建設，讓我們的學生有更大的空間，參與多元的另類學習，探索自己的真正價值？

在教育新生態的形成過程中，希望香港能夠同心協力、珍視動力、化解阻力、發揮潛力。香港加油！

（原載《信報》2020 年 12 月 25 日）

迎接教育新生態

為迎接教育新生態。首先要問：可以做些什麼？大環境的劇變，為我們帶來什麼新的需求？又如何保持或者發展前些年捕捉到了的一些教育契機？

現在不少學校都在推展「正向教育」，或者是類似的學生福祉（wellbeing）、成長心態（growth mindset）、等等。筆者認為，在歷時 3 年疫情的不幸時刻，正向思維極為重要。事物的發生，往往不是我們可以控制的；但是，用什麼心態對待不幸的大環境，卻是我們可以自我調節的。

筆者曾在一個校外課程的線上開幕禮上，表達了這樣一個觀點：「舊的已經過去，也許一去不復返；用舊的思維去面對新的局面，只會覺得困難重重，處處碰壁；因為我們認為可行的，已經不存在。相反，新的局面，還剛剛開始，還在發展中，還有許多不確定因素；但也因為如此，到處都有可能找到新的契機，到處都有可能創出新的窗口。」

在這個演講後不久，又被兩件事啟發。第一件：曾經是天之驕子的航空人員，放下以前的經驗和地位，從事新的職業。不論是駕駛巴士、開小吃店、當藝員，我們看到的，不是一般的「能屈能伸」，而是迅速展開新的一頁。這些新的嘗試，未必樣樣成功，但是固守在過去習慣了的崗位與工作，是一種完全沒有把握的賭博。

社會進入新常態，紅極一時的航空業，看來不是三年五年可以恢復元氣，況且有了新的陸上交通、人們習慣了的溝通方式、經濟凋零導致的旅遊慘淡，航空事業擔當的功能，未必有完全復原的機會。這情形，幾乎有點像電影《一九四二》—— 戰爭一來，一切都面目全非。

絕境轉業 自創生機

但又看到，人的能力和希望，不會局限於過去受到的訓練。筆者三句不離本行，就拿航空人員來說，他們有扎實的「三語」能力，有豐富的世界各地的見識，還有人們佩服的應急能力，以及拆解各類人際矛盾的經驗。這些，對學生的成長，不都是非常有用的人才嗎？要是他們能夠進入學校，或者組成為學生服務的組織，肯定會成為教育的一支生力軍。

第二件：觀看了梁卓偉教授於 2020 年底接受恒生大學傳媒學院的訪問。他也不同意筆者一直無法釋懷的「生涯規劃」概念[2]。筆者不斷解釋的是：現在人們面對的是變幻莫測的職業前途，頻繁的轉工轉行已是常規，要年輕的學生一早就選定自己的職業路向，是不切實際也不負責任的做法。況且，年紀輕輕，見識與經歷有限，憑什麼就能決定趣向？他們也可以有一時的興趣與決心，但不能讓他們誤解，以為這就是社會將給予他們的。

梁卓偉的解釋，超越了筆者這種實用主義的思路。他認為，香港目前面臨的問題，也是日本和「四小龍」面對的問題，是社會停滯不前，這也是社會最大的危機。筆者認為，這說得太對了。梁卓偉舉新加坡為例，筆者非常同意。新加坡過去一兩輩人，在落後貧窮的情況下，不斷謀求上進，成功發展出一個經濟奇蹟。香港也有類似的情況，

2. 詳見香港恒生大學《恒傳感言》。
   https://www.youtube.com/watch?v=iTwtSViqWww （2020 年 12 月 26 日）

梁卓偉問訪問者，曾記否想過有過「制水」——一天供水四小時？的確，筆者身邊的同齡人，甚至稍為年輕的、五、六十歲的人，大都出身寒微。記得王賡武教授說過，1970 年代的香港大學，有點像科舉，是讓年輕人作社會流動的往上階梯。

社會停滯 期待突破

現在不一樣了，金字塔形的社會正在逐漸崩潰，年輕人面對的現實，是不斷變化的社會階層，是個人身份不斷起落的世代。梁卓偉因此說，要年輕人作「生涯規劃」，只能按已知的舊思維，讓他們以為前面還是父輩走過的路。他的說法是：「現在的社會形態已經相當鞏固（意指「固化」），如果我們還要他們去規劃他們的生涯，還怎麼會有社會的輪替呢？」前後文來考，他是指對教育的意識形態。

在這種停滯不前的形態下，梁卓偉也呼應了「非物質世代」的說法。現代的年輕人，往往有「非物質性」的追求，他們渴望人生有更多的姿采。不過他比較正向，認為把這種精神擴展出去，才可以讓香港有突破性的發展，才可以延續香港的奇蹟故事。但是，這種願景，現在沒有人可以預見，但肯定是沒有人走過的路。也就是說，規劃的概念是與此背道而馳的。

不厭其詳地引述梁卓偉，是因為這正是香港要走出困局的起點。一、首先要承認香港是一個困局。二、這裏面是真正的「深層矛盾」，是社會走到了一個瓶頸，不是一般的政治分析可以描述得出來的。三、要打破這個困局，不是靠在舊格局裏努力，而是需要尋求突破現存的格局。四、這種突破，關鍵在香港的年輕人；未來將是他們創造的。

就像訪問中暗示的，香港這次跌得很重，很多方面也許要從頭開始，但未必看得到隧道的盡頭。但是刻骨銘心的重創，也許正是走出困局的起點，也可能是必須。不遇絕境，不會有決心。沒有從頭開始的準備，就永遠看不到曙光。這也是筆者受航空人員專業打動的原因。

釋放學生 迫在眉睫

回到教育。我們可以做什麼？新的一年又可以做什麼？以下是筆者的一些設想。理念上，最重要是為學生準備多元多變的前景。在傳統的學校裏面，分數與成績，就是學生的價值，也變為學生的自我價值。這種形態，只有把學生驅上了狹窄的獨木橋，而沒有為未來廣闊的天地做準備。

許多學生成績並非優越的學校，已經在這方面邁出了一大步，讓學生從另類的經歷，看到自己的價值。如前文所述，校外的一些機構、組織、社團，也在為開闊學生經歷與體驗，作了許多貢獻。希望更多的學校和更多的團體，可以合作讓學生有更大的學習天地。其中平常學業成績比較好的學校，更是應該讓學生有另類的（成績以外的）自我價值，把學生從成績與分數裏面釋放出來，其重要性已經是迫在眉睫。

現在往往學校可以半天時間上課，另外的半天，如何為學生設計另類的見識？可否邀請非教育界的朋友，介紹一下他們眼中的社會變化？可否邀請因疫情而轉業的朋友或者校友，介紹一下他們的看法？

家長也可以承擔一些貢獻。過去有機構，每年有一天邀請員工的子女，參觀父母的公司。即使疫情無法進行，家長也可否起碼向子女

介紹一下自己的工作，或者談談自己的過去，又或者介紹一下自己的家鄉、祖輩的故事？

總的來說，盡量把社會拉進學生的學習圈子，即使是不出門，也可以虛擬地了解社會的實況。教師和校長，也完全值得留意周圍的朋友、親戚、校友、看看他們的工作是怎樣一種狀態？近年起了一些什麼變化？疫情又帶來了什麼變化？

當然也需要其他方面的配合。有些研究機構，還在調查市場上的人力需求，看成是學校教育的指標；這種思路，與現實完全相悖。教育局的「生涯規劃」，實在是不合時宜，但是估計一時改不了，可否加進類似「立志」之類的另類目標，讓學校可以鬆綁？大學可否也認真想一想，改變一下收生標準？我們不對政府有更多的期望，但是若能把大學收生人數放寬，就已經是一種功德。

總之，要盡量讓學生開闊眼界。有設定的課程需要完成，也不是向學生宣傳不要成績。但是，更大的「工程」是趁這個機會，把學生從純學術的價值觀中釋放出來。即使是開始很小的一步，也是大收穫。

（原載《信報》2021 年 01 月 01 日）

PBL：教育變化的起點

　　前文論及教育的新形態、新常態、新生態。新形態——它逐漸脫離學歷掛帥，回歸學習；新常態——學生逐漸成為主動的學習者，教育回歸學生；新生態——學生學習將不限於學校，回歸社會。

　　又受到一些新的訊息的啟發。最近在內地有幾個會，都談到「項目化學習」或者「項目式學習」，也就是 PBL——Project-based Learning。上海在 2019 年新成立了一個「學習素養研究所」，2020年的年會，就是專門研討「項目化學習」。「中國教育三十人論壇」的年會，其中一個分論壇，也是專門探討「項目式學習」。

　　PBL，對中國的教師來說，當然毫不陌生。簡單來說，我們平常的教學，是按照課程綱要的編排，按照學科內容的邏輯次序，安排我們的教學。但這卻往往不符合學生的學習規律。PBL 則是從一個問題、一個現象出發，或者以一項製作、一項創作為目標，為學生提供一個綜合性的學習經歷。

　　筆者在一個有關的研討會上，從「學習科學」的基本原理出發，分析學生的學習規律，探究為什麼 PBL 是回歸學生學習的一個不錯的起點。

病例導入 擺脫死背

　　回顧起來，筆者第一次接觸 PBL，是在港大醫學院。當時，醫學院是五年課程。頭兩年是四大理論——解剖學、病理學、生理學、藥理學。不到第三年，是不進病房的。那時候，也許覺得：「理論不掌握，

什麼都不懂，怎能進病房？」學生需要背熟幾本兩吋厚的經典課本。筆者念預科時的一位同學，就是在不斷背書的過程中，得了精神病。1998 年，醫學院一名一年級學生，經受不了壓力，在南區一幢大廈跳樓而亡。當時擔任醫學院院長的周肇平，非常悲痛，獨個兒在海邊苦思，立下了改革的決心。結果在醫學院院務會議以一票之勝決議改革。改革的方向，就是引進另一個 PBL（Problem-based Learning）；可以譯為「解題學習法」，或者「病例學習法」。

醫學教育也許是最早引進這個 PBL 的，它最初是加拿大麥克馬斯特大學（McMaster University）大學在 1969 年始創。特點是由學生尋找問題開始，通過學生自己的努力，搜索、運用、分析、綜合可以獲得的資訊，探索解決問題的方案。

筆者在 1990 年代初期，與一眾教育統籌委員會成員，到港大醫學院體驗 PBL。每個人參加一年級學生一個組。筆者參加的那個組約 11 人。案例是一名長者進入急診室，呼吸困難；那是唯一的資料。一年級的學生，沒有學過有關的病例和治療方案。各自去翻看資料回來，一致認為要輸氣；但是有爭論——是乾的還是濕的氣？是冷的還是暖的氣？後來案例說經過 X 光照射，確定喉部有異物，於是研究如何處理……。

當時完全是學生在討論。11 名學生，其中一位任主席；有一名秘書，負責把討論的結果記錄在電子白板上，馬上打印分發。在座有一位知名的教授，卻本身不是處理那個病例的專家；他是學習的輔助者，在學生自己探索的過程中也是同行者，但從不以專家自居指點學生的活動。

之後座談，有人問：「您們是如何培訓教授的？」在醫學院負責 PBL 的麥列菲菲教授（本身是精神科專家）答：「以往是教師要學生

keep quiet，現在我們要教師自己 keep quiet！」記得當時在場的李榮安教授（現在新加坡工作），離開時激動地握着麥列菲菲教授的手，說：「您們做的，令到我們研究教育的感到慚愧。」

項目學習 合乎規律

最近在內地一個會上，筆者根據「學習科學」的原理，對 Problem-based Learning 的分析如下：

一、學習是人腦經過人類的活動而形成概念，即建構知識，因此學生必須是主動的學習者。上述的 PBL，就是讓學生成為主動的學習者，把學習還給學生。他們不只是回答問題，而是由他們提出問題；他們是整個學習過程的主人。

二、因此，經歷是學習的根本。以前，學生的經歷，頭兩年就是熟讀書本上的理論，然後考試。引入 PBL 時候，開始是如上述的書面病例，之後是視像病例，然後是病房現實的臨床病例。前幾年，筆者參觀過伊利沙伯醫院的培訓設備，除了機器模擬的病人，還有扮演病人的演員，等等。都是讓學生接受近乎臨床的經歷。往後才進入真正的病房。

三、在學習的過程中，理解和應用、理論與實踐，是同時發生的；而不是前後的兩個步驟。前述醫學教育的 PBL，一開始就讓實踐帶動學習，這是學習的基本。

四、人類的學習是綜合性的、總體性的，而不是截然分割的條塊吸收。前述的 PBL，引入的病例，當然是經過設計的，也是循序漸進

的，但是每一個病例，並不就是學習某一條特殊的理論；病人並不是帶着理論來的。學習者需要從複雜的現實中，逐步摸索整理，才有理論。

五、人類的學習是一項群體活動。就筆者這所知，幾乎所有的PBL，都是集體進行的。從集體的探索中，凝結智慧。

可見，項目式學習，其實是呼應了學生學習的一些基本規律。但又看到可行性。所以筆者認為，PBL 可以是學校教育逐漸離開陳舊傳統的一個起點。

仍然以前述的 PBL 為例。當時港大的牙醫學院、言語與聽覺系，都馬上採用 PBL。這兩個學院，曾經實行 100% 的 PBL。醫學院的PBL，學生經歷病例的探討以後，加上理論課，鞏固與提升學生的知識。大致來說，PBL 在醫學院與屬於臨床學科的領域，已經是非常普遍。

回歸學生 起點多樣

其實，哈佛商學院始創的案例教學法（Case-study Method），也是另外一種 PBL。不同的是，原始的案例教學法，是把案例掛在理論上面，為了論述理論的某個方面。然而，相同的是，商業案例，也是總體性的、綜合性的，也是從現實中提煉出來的。法律、建築、工程，都有類似的教學模式。

1998 年工程教育的《華盛頓公約》（*Washington Accord*）提議的、現在全球流行的 CDIO 模式，也是在同一方向，就是把工程項目的

理念（construct）、設計（design）、實施（implementation）、操作（operation），連成一氣，是典型的「項目化學習」。美國麻省著名的 Olin College，就是從招生，到教學，到畢業，學生的學習都在現實的工程項目中度過。

大學裏的 PBL，設計殊不容易，需要許多學者跨學科合作；也不是沒有波折、沒有挑戰，也有許多新的版本。但是，把學習的中心移向學生，則是不可逆的趨勢。現在內地的方向，是把 PBL 延伸到中小學。在全球來說，PBL 在中小學，只能說是鳳毛麟角的創意，這方面，大學的確走在中小學的前頭。

筆者的觀察，PBL 在中小學的實施，可以分為五種情況。第一種，「課外項目」。這是最容易的，天地也很大，不受限制；香港的學校很多已經有課外的綜合性項目。

第二種，「課內淺嘗」。也就是在課程中，選擇某些點，也許涉及很多「科目知識」，作為綜合性的學習經驗，但覆蓋面不大；以配合整體課程為原則。例如配合數學的統計調查。

第三種，「局部超越」。可以說是橫跨在課內外之間，在課程中選擇某些點，跨越科目，設計綜合性的項目，但又不介意超越正規課程的要求，但又不是對正規課程動手術。這種做法比較靈活，也比較容易。例如通過戲劇，既學語言，也學倫理。

第四種，「統籌重組」。這要求比較高，要把整個課程來個全面的重新組合，謀求把一條條豎直的科目，重新組合為一片片的項目。要全面覆蓋全部的傳統課程，難度很大，也有人質疑是否有必要。真正這樣做的，概有之矣，吾未之見也！第五種，「項目領先」。也就是拋開正規課程，重新設計學生的學習經歷。這難度最大，但若不是

要求全校實施，個別家庭——在家學習（home-schooling）的一群——已經在做。

（原載《信報》2021 年 01 月 08 日）

學生的未來 真正的學習

筆者一直不厭其詳說明社會根本、全面、不可逆的變化,因此教育必須重新定位;這是宏觀。也曾經不厭重複介紹學習科學,旨在說明目前許多對學生的要求,背離了學習的基本規律;這是微觀。這是基於筆者的兩條信念:教育的最終目的,是學生的未來!教育的核心業務,是學生的學習。最近由於內地一些會議提出,才忽然覺察,原來兩者之間的相互關係,都彷彿藏在筆者心裏,沒有嘗試認真地解釋。

宏觀。學生的未來,是指社會的現實。大前提,是目前的教育,聚焦在學校教育。這是因為從工業社會高峰期傳承下來的教育概念,主要是製造「學歷」,作為人力市場(labour market)的入場券;也是標誌個人「等級」與「類別」的訊號(signal)。這在傳統的工業社會,也許正是社會發展的需要。遍及全社會的學校體系,其出現也的確是為了適應這種需要。

因此,0 至 3 歲,是為了進入幼稚園;幼稚園,是為了進入小學;小學,是為了進入中學;中學,是為了進入大學;大學,是為了找工作就業。(這裏必須提醒:但是實際上,學校的每一個階段,都應該是為終生作準備。)

如此,則學校教育的目標,就難怪被分數、成績、升學這些「符號」騎劫了。學生實際上學了什麼?學得好不好?其實大家都不太知道,也沒有人會過問。常常聽到考生說:「考完試乜都唔記得晒!」(考完試一切都忘記了)或者「考完試仲記來做乜?」(考完試了,記來有什麼用?)

也可以看到，學生在大學畢業以前，幾乎全程都在教育體系內部掙扎；教育體系裏面的運作，是不受外界社會影響的。也就是說，不受宏觀的大環境變化影響的。

分數符號 決定成敗

不止如此，由於一直困在教育體系裏面，學生的自我價值觀，就完全受到分數、成績、考試、升學的成敗所支配。成績不好，就覺得自己是失敗者；成績優秀，就覺得自己很優秀。

社會變了！經濟生產供過於求，大規模生產變為少量多款（less of more），以營造常新的購買慾望；機構也趨向小、扁、脆；也因此造成了職業的不穩定，形成了以前不容易出現的職業形態：畢業生用非所學、頻繁的轉工轉行、普遍的創業自僱，以及逐漸增多的間歇就業、斜槓一族、無業宅家。

社會變了！碎片化了！個人的境遇，也將會很不一樣。個人也變得自由了，但要不斷為前路而奮鬥。個人會沒有了機構的保護與保障，必須學會獨力應付環境的變化與挑戰。個人需要不斷與不同的人群交往，但未必有長久的群體歸屬。人，因此需要更加堅強。每個人都需要有充分的自信，需要不斷克服從未遇過的挑戰，因此需要不斷增強自己。一句話，要學會不斷學習！

以上是筆者一直不斷提出的。請想一想：把青少年關在自我封閉的教育體系裏面，不斷純粹為分數、成績、升學而奮鬥，與他們將要遇到的千變萬化的複雜現實，是多麼不匹配！讓他們為分數、成績、升學而喜而憂，對得起他們嗎？

微觀。學習。為學生真正準備他們的未來，就必須脫離「學歷掛帥」的教育理念。他們真正的準備，是在種種不確定之中，掌握確定的元素，那就是學習。學習是面對未來的唯一法寶。也就是在變幻莫測的現實中，不斷學習，才能不斷面對挑戰，不斷找到新的機會，不斷創造新的窗口。

傳統學習　背離規律

於是就要想：他們目前的學習，是在作這種準備嗎？符合人類學習的規律嗎？所以要看學習科學，因為那是有實證地分析人類的學習。

下面介紹一下筆者從理解學習科學而得到的一些啟示，對比在傳統教育體系下的學習形態，設想一些應該可以努力的方向：

總的啟示：學習科學，總的概念：人腦是可塑的，是人的活動在塑造人腦的發展。

啟示之一：學習是人類對外部世界賦予意義的過程；知識是人腦與外部世界交往而形成的概念；知識不是由外部輸入的；學生必須成為主動的學習者。

傳統教育：學習是訊息的輸送；學生是被動的接收方。學生習慣了在安排好的格局裏，馴服地接受輸入，而且要不折不扣的按原樣輸出（考試）。這與他們未來需要堅強地、自信地、主動地、不斷地學習，是完全背道而馳的。

努力方向：學生成為主動學習者；首先讓學生主動獲取訊息，進

而讓學生學會利用訊息、分析、綜合，從而主動構建知識。進一步，讓學生設計自己的學習目標、方向和內容，成為自覺的學習者。這是他們未來處世所必須的。教育的真正意義，是讓學生學會學習。

啟示之二：人的學習，關鍵在經歷；不同的經歷，產生不同的學習；不同的學習，需要不同的經歷。

傳統教育：學生經歷，主要是聽、讀、寫、考；科目是對口大學的少數學科。學生生活：大部分是在學校，或者完成學校安排的作業。如此單調的經歷，如何能夠面對多元善變而複雜的社會現實？

努力方向：把學生的學習經歷延伸到社會、大自然……體驗社會現實、各類社會、各類文化；他們的經歷也應該包括觀察、分析、綜合、質疑、成功、失敗、製作、創作……等。很多學校已經走出了可喜的第一步 —— 把學生送出校門做社會體驗，把學生送到別的社會（外國）體驗另類文化，等等。

學生未來 在於學習

啟示之三：人類的學習，各各相異；同樣的經歷，可以產生不同的學習。

傳統教育：學生學習的目標、內容、過程、考核都是劃一的。而人的學習，本來是一個個別化的行為。假如沒有了傳統工業社會必須的篩選、淘汰、分等、分類功能，假如不把教育也看成是大規模生產，這種劃一性就沒有了必要。

努力方向：學習個別化，學生參與設計，學習成果也允許多元化。這需要體制上的變革，也牽涉到新的資源策略。芬蘭的實驗，全球注目，正是這個方向。

　　啟示之四：理解與實踐是同時發生的，不是分隔的先後過程。

　　傳統教育：學用分開，先學後用；在學階段是「學」而不用，大學畢業離開教育體系，才是「用」。考評，問「懂得什麼？」學生接受的是來自書本的、沒有根的知識；在現實的工作中難以應用。許多在工作中可以輕易學到的，又偏偏隆重其事浪費精力。

　　努力方向：學用結合、知行合一。教學，聯繫實際。什麼必須在學校學？什麼不必在學校學？需要研究。活動：接觸自然界，提前體現社會現實（這一點香港正在開展）。考評：問「能做什麼？」，着重製作與創作。

　　啟示之五：人類學習是綜合性的總體過程；不是分類知識的堆砌。

　　傳統教育：科目：各不相干；考試：分門別類。綜合性的學習，由於難以考評，不受重視。課外活動，是典型的綜合性學習，但往往目的不明確，甚至誤解（例如：為了得獎）。因考試而設置的科目，更是綜合性學習的障礙。

　　努力方向：學習：項目式學習（見前文）。考評：綜合性製作或者創作。這方面的努力，目前只能說是鳳毛麟角，但尤其在小學已經初見成效。

　　啟示之六：人類學習是一種群體活動；最有效的是群體學習；社會性的品質，只能在群體經歷中養成。

傳統教育：教學，基本上是單向單一傳輸，教師的提問、學生的小組互動、學生的集體創作，可有可無。班級，往往流於成為管理機制。

　　努力方向：教學中的群體互動，逐漸形成主流。集體作業、集體創作、集體製作、集體創業等，在大學逐漸流行，在小學也逐漸出現。學生的品格養成，更是依靠群體。班級，是群體學習的場合，應該由學生主導。

　　上面只不過是一個粗糙的掃描。總的來說，學生的未來，全在學習，真正的學習。要把學習還給學生，讓他們成為堅強的個人，迎接莫測的未來。

　　　　　　　　　　（原載《信報》2021 年 01 月 15 日）

「在家學習」的啟示

前文〈PBL：教育變化的起點〉在討論「項目化學習」（PBL）時，提到把傳統科目的學習內容「統籌重組」，最後說「這難度很大，但若不是要求全校實施，個別家庭——在家學習的一群——已經在做。」這裏提到的統籌重組，其實是把學習內容來一個「洗牌」，會增加許多內容，也會去掉一些內容。

筆者於數年前已介紹過「在家學習」（home-schooling），也就是孩子不進學校，而由家長代替教師、家庭代替學校。引筆者想起「在家學習」，是由於疫情之下，學生「宅」在家，家長的角色驟然變得顯著。在華人社會，家長容易把教育學生的責任完全推給學校，自己退居「為學校服務」的地位。幾十年前，家長會對學校說，「我把孩子交給你了！你替我好好的管管他。」現代的家長，則往往希望學校有明確的指示，每天看回家以後《手冊》規定自己的孩子要做什麼，便於配合。也的確不少學校，要家長承擔學生在校時間完成不了的作業；也就是由學校佔滿學生的全部時間。

學生學習 家校分擔

疫情之下，我們的孩子變成了 part-time 學生，只有部分時間在學校；大部分時間在家。即使在網上上課，要做學校安排的作業，也往往需要家長從旁輔助。家長把孩子學習的責任，完全推給學校的形態，也許正在不知不覺地褪色。學校也逐漸認識到，教師無法調控學生在家的全部時間和活動。

以上的情形，在小學最為突出。中學隨着年齡的漸長，也許家長的角色就漸輕。但是學生在家長的眼底下「就學」，已經成為了一種常態。即使疫情過去，學生自學的份量也一定會增多，在家中「就學」的成份也會愈來愈多。

即使在小學，不少學校和教師，開始的時候，總是希望學生通過網上，可以過着與實體學校相近的生活——準時起床、按時上課、網上露面、穿着校服、甚至穿着體育服裝。但是，不少教師也逐漸感到，不一定要完全按照實體學校的形態安排學生的學習。比如說，有些課，教師在網上可以講得短一些，35 至 40 分鐘的一節課，可以簡約為 15 至 20 分鐘，讓學生在課前或者課後自己學習。有些教師還在講授以後，安排小組輔導，他們說「有點像大學」。

也有些教師，不再期望全部塞滿學生的時間。慢慢地摸索出一套門路，引導學生自己選擇課程以外的內容自學；然後向全班報告；效果似乎不錯。而這種學習，大多數都是在家庭的環境裏面，在家長的眼底下發生的。

無論是在學習內容上讓出空間，還是學習過程需要在家裏發生；無論是因為學校指望有家長的介入，還是設計了學生照顧自己的學習，都是把學校的時間和空間，讓出一部分，與家庭「分享」。

這就應了朱永新《未來學校》提到的，家長將從「邊緣」回到「中心」。雖然目前還談不上家庭成為學習的「中心」，但是家長與學校分擔責任，已經必然成為常態。於是，全時間在家庭學習的「在家學習」，就有許多方面值得我們參考深思。

數年前筆者曾經談到「在家學習」，是由於一批家長實行「在家學習」，理論上應該屬於違法，因為香港的強迫教育（義務教育）包

括一條《入學令》，強制孩子必須要在學校接受教育。這種情形，在東亞幾個「筷子社會」，大致如此。政府都要想辦法處理決意「在家學習」的家長。

在韓國，「在家學習」理論上是非法的，不過決意如此的家長，可以向政府申請特許。

在日本，經過詳細的審查以後，可以合法地「在家學習」，也可以在「函授學校」獲得學歷。後者有政府資助。

在台灣，「在家學習」是得到允許的，不過每名學生必須向一所學校註冊，學校負責監察這名學生的學習。

另類學校 突破常態

「在家學習」的待遇，在另一類社會文化，可以很不一樣。像香港人熟悉的英國、美國，法律強迫孩子受教育，但是不強迫入學，因此家長可以比較輕鬆地選擇「在家學習」。就美國來說，最新的數字，全國有 220 萬孩子「在家學習」，為數不少。開始的時候，選擇「在家學習」，很多是由於宗教原因，不願意孩子在沒有宗教的環境中學習。近年，又加上了許多不滿當地學校的家長。到美國的書店，往往可以看到整個書架的「在家學習」書籍、課本、學習材料。市面上也有不少專門為「在家學習」孩子而設的科目輔導、自然科學實驗室、體育活動、等等。

「在家學習」的出現，以及東亞社會對這種現象的彈性處理，說明「強迫入學」開始有了缺口，有了法理上站不住腳的地方。也可以說，雖然世界上多數社會都已經有了相當完整的教育體系，各地政府

也都不斷在設法改善他們的學校體系,但是「在家學習」其實在挑戰以學校為中心,「學校等於教育」的概念。也就是衝擊以「學歷」代替「學習」的教育理念。

對於傳統教育的挑戰,還來自在各地逐漸出現的「另類學校」。美國在 1990 年代開始出現的「憲章學校」(charter school),原來就是希望把學校體系,逐步脫離政府直接管理的形態,而由家長或者熱心人士組成辦學機構,按照「憲章」的合約接受公帑。不過現存的憲章學校,參差得很(也許是市場效應)。而成功而又受歡迎的,都是採取另類的學校模式。

在台灣,有 2014 年頒行的三條法例,稱為「三法」,分別適用於「非學校類型實驗教育」、「學校型態實驗教育」、「公立學校委託私人辦理」。都是在於讓學校離開比較一律的辦學方式,開放給各類試驗。目的是「促使實驗教育多元化發展,符應家長、實驗教育團體……之期待」。其中第一條「非學校類型」的教育,就包括不按照學校規例成立的「共學團」和「在家自學」。第二條是允許公立學校離開政府定下的課程模式。第三條是近乎美國的「憲章學校」。須知,台灣的學校,是以教育部的嚴格規管出名的,這是突破的第一步。

資源聚焦 移向個人

以上不厭其詳地介紹「在家學習」與另類學校,並非有什麼主張或者倡議,而在於說明,傳統的學校形態,正在受到前所未有的挑戰。其中一點,就是希望孩子受到不一樣的教育,也是希望孩子獲得更適合個人發展的教育。目前看來,似乎是政府迫不得已退讓的缺口,但這個缺口,必然會變得愈來愈大。這個過程,大概有幾步要走:

第一步：學生的學習時間、空間，從「全部由學校包攬」，逐漸成為「學校與家庭分擔」。這一方面是由於學生主動學習、個別化學習、自覺學習的需要，也是因為線上學習的出現而變得可行。

第二步：很可能出現從「傳統學校」到「在家學習」一系列可能性的同時並存。但這很可能會反映社會的資源差距、貧富懸殊。在一端的「傳統學校」，比較劃一，也許是資源最節約的模式；而學生的個別化照顧，就會最少。另一端的「在家學習」，大家都知道，需要家庭有一定的資源，家長有充分的知識。

第三步：教育體系的資源策略，需要作大幅度的改變。於是教育資源的投入，必須下降其重心，從聚焦學校（學校吸取所有資源），而變為聚焦個人。目前是要每所學校具備基本條件（校舍、設施、人員……），逐漸變為每名學生有基本的在家學習條件，包括硬件（空間、機器、網絡）以及其他的資源——體藝、群體、體驗、遊學等。

（原載《信報》2021 年 01 月 22 日）

學生・學校・家庭

　　上文談到「在家學習」，也提到南韓、日本、台灣、美國的情形。下面是另外三個社會的狀況。

　　英國。英國的情形與美國差不多，但是選擇在家學習的父母，相對比較少。兩類家長較多：因為宗教信仰；因為子女需要隨行在各國工作。

　　澳洲。在家學習是合法的，不過要向政府註冊，各省的要求略有不同。大致都需要呈交學生學習計劃，以及要有學習紀錄，以備查看。估計全澳洲大概有 3 萬個孩子在家學習。

　　新加坡。新加坡的義務教育法例只覆蓋小學，因此只有小學階段的「在家學習」才需要向教育部申請豁免。不過「在家學習」的學生，必須參加國家的小學畢業試（PSLE）而且成績在全國 33% 以上。

　　澳洲與新加坡的情形，值得注意。在澳洲，因為新冠肺炎疫情，申請在家學習的家庭劇增。新加坡曾計劃於 2020 年 3 月下旬，實行逢星期三在家學習（稱為 Home-based Learning，HBL），但後來因為疫情惡化而被迫全面停課。其後還曾經有計劃，大約每兩周有一天在家學習。順便重提，蒙古於 2020 年 9 月開學時，實行每周兩天在家學習；當時並沒有嚴重的疫情（沒有徹底封關），不過後來也沒有實施。可見蒙古與新加坡一樣，也是在主動塑造學校以外的學生自主學習空間，都是預計會出現混合教育（blended learning）線上線下並行的情景。他們沒有把疫情下的停課，看成是無奈的權宜之計。

前文提出「在家學習」，就是因為在疫情之下，學生相當一部分時間在家學習，因此原來實施的「在家學習」，可以給我們一些啟示。原來的「在家學習」，是照顧全部時間不入學的孩子。但是因此，（一）他們沒有了學校的分數、成績的壓力，必須有另類的學習動機（不過這一點似乎不是新加坡的方向）；（二）有更大的空間，選擇自己的學習內容和方法，提前實現學習的個別化，也符合社會的需要。這些，都是學校教育向前發展的方向。「在家學習」的家長，正在向我們展示可行性。

線上線下 勢必混合

在家學習也會帶來挑戰：第一是學生沒有了群體生活，造成了社會性學習（道德、情感、情緒、社交……）的巨大缺陷。這也是疫情停課的一大缺陷。第二是凸顯了家庭之間的財富、教育、氛圍……等等各方面的懸殊差異，如果向這個方向發展，勢必引發教育發展與資源策略的重大變革。

羅列各地的「在家學習」狀況，並非要推廣，而是從中看到家庭全面包起孩子的教育情形，作為「家」「校」分擔教育責任光譜的一端。下面且把筆者看到的，描繪一下這個光譜。

一個極端：學校全包。這是光譜的另一端：學生一早起床，匆忙吃早餐，登上校車，就生活在學校安排之下。8時半上課、3時半下課，當中的午飯，很多學校還要求學生在校用膳。下課後在學校參加課外活動。回家按照學校安排做作業，一直做到晚上11時或11時半。還要溫書準備測驗，「一周一小測，一月一大測」。學校會認為，學生應該全時間學習，而學習的內容和時間，需要由學校全盤安排；甚至

包括周末和暑期。回家的作業，教師會明細地寫在學生手冊上；家長也可以從旁明細地協助或者監督。甚至有些作業，若沒有家長的參與，學生本身是完成不了的，家長對於插手也從無奈而逐漸習以為常。

在校在家 同時並行

在香港，疫情初期，有個別學校以為停課是短暫的，按兵不動；在沒有任何形式的教學下，家長忽然接到通知，要預備 M 到 N 幾節課的考試。詢問之下，回答是，「家長們可以幫孩子」。這其實仍然是學校指揮一切，並不是真正的與家長分擔孩子的教育。最近在內地網站，看到有人批評學校事事要家長簽名——作業、校服、課輔（購買輔導材料）——說是學校向家長推卸責任。這也許是把個別的例子，誇張成為常態，但這種極端的心態，很容易存在。

另一個極端：完全的在家學習。與完全的學校包辦，兩端之間，還有許多可能。有許多學校，不管歷史長短，都沒有讓家庭作業塞滿學生實踐的做法。裏面有許多情景。有些是限制家庭作業的份量，比如說每晚不超過一小時，讓教師有所依據。有些作業，是要學生自己完成的一項製作，或者是小組合作完成的一個項目（例如研究、演出……），一般給學生比較長的準備時間。也有學校一開始就向學生說明，功課要靠自己做。也有學校，盡量減少測驗、考試，不讓學生在威嚇中學習。

這種種的做法，似乎小學比較普遍；也許因為沒有公開考試的壓力，學校和教師的迴旋餘地就比較大。教師給學生讓出的時間和空間，一是讓他們比較充分地完成自己的學習，而不是匆匆繳交功課；二是讓他們有時間實行自己選擇的學習，在分數以外有學習收穫。不

過在現實中，抱着前一種目的（「鬆綁」）的學校和教師，愈來愈多。而要達到後一種目的（「留白」），還需要很大的努力——我們只知道叫學生做我們安排的功課，至於學生如何安排和利用自己的時間，如何選擇和安排自己愛好的學習，如何建設自己的學習園地和學習計劃，我們很少顧及，更沒有去教導他們。這方面，也許應該逐漸成為教育界努力的方向。不然，怎能算是「學會學習」？

家長貢獻 大有天地

因此，說來說去，學校與家庭的相互關係，核心的關注點，還是學生。既要把學生從分數與學歷的學校建制裏面釋放出來，卻又並非把學生學習的責任拋給家庭。學校和家庭，只不過是學生目前生活的兩個主要場所。在未來，也許學生在線、在家的時間會多一些，在學校的時間會少一些。學校和家庭共同的目的，是讓學生有盡量大的學習自主空間。

當然，學生的學習自主空間，在不同的年紀，會很不一樣。在大學，基本上是學生自學為主，大學起的是引導作用，家庭的作用微乎其微。在中學高年級，由於絕大多數學生都要面對公開考試，這種空間就比較小；但是他們的自學的能力又比較高，因此家庭的參與就會很少。小學和初中，籠統來說學生若是需要在家學習，家庭就會負上守護學生自覺學習的責任；年紀愈小，責任愈重。在幼兒階段，0至6歲，家長就起了非常關鍵的作用。

即使在現存的條件下，學校的功課照舊，家長仍然可以有另類的貢獻。一個例子是「學中用」學校群（LBD，Learning by Doing，目前有十多所），就是由一班「在家學習」的家長發起的。他們在時間

表上挖出時段——從每周一個下午，到所有下午——往往從常識課入手，重新組織學生的學習，讓學生動手，從現實生活的實踐開始，綜合性地發展自己的知識。開始的時候，大家不無擔心，生怕誤了功課；但是實踐下來，學生不只是學得高興，而且學科上需要的知識，反而更加充實。

另一個例子是筆者親身經歷。三十多年前，十多位幼兒的家長，很希望孩子有學校以外的學習，結果成立了一個 playgroup。每到周末，由一位家長主持一個有趣的學習題目。筆者講的是「音樂中的物理」；另一位從商的，以一盒麥片做例講 marketing；一位從事法律的，模擬一個兒童法庭，處理一宗高買案件⋯⋯對象都是只有幾歲的幼兒。後來發展成為全部由家長組成的童軍 229 旅，至今活躍。說明家長也可以在學校之外組織學習；但不是增加壓力的補習。

線上、線下、學校、家庭，最終還是為了學生的自覺學習。為了把學習還給學生！

（原載《信報》2021 年 01 月 29 日）

政府可以做什麼？

前文都在談論學生學習形態的變化，因而引起學校的功能、家庭的角色的變化。讀者會問：那麼，政府可以做什麼？這其實是一個不容易回答的問題。

有時候，人們不滿現狀，希望改變現狀，就把希望寄託在政府身上；希望政府定下一條什麼政策，情況馬上就會改變。善意者希望政府從善如流，反對派拿來向政府追究責任。不過看看疫情，邏輯上不太複雜的「天災」，尚且世界上幾乎沒有一個政府可以完全應付自如。比較起來，教育是一個複雜得多的社會建制，經過長期的演化，體系的內部縱橫交錯，與社會其他部分又盤根錯節。政府的一兩項政策，影響有限。如何就可以把任何情況的逆轉，寄託在政府身上？

裏面還涉及難以逆料的「人禍」——政府更替、人員變動、年齡換代——只有幾年壽命的政府，要去從事也許需要十幾甚至幾十年的變革，其實是匪夷所思。筆者見過其他社會無數的例子，一屆政府上台，意氣風發準備大刀闊斧改革教育，提出的方案也頗有見地，但是只有4、5年光景，政府換屆，一切泡湯。筆者近年熟悉的一個東亞國家，一到換屆，教育部裏面從部長、部長秘書、文書、大學校長，都換人。更驚人的是，同一個政黨執政期間，3年換了6個教育部長。這種情形，政府這部機器，對教育來說，是動力還是毒藥？但是，作為政府當事人，所有的變動都以為自己是在改進教育。善哉！

固然，愚昧的、鹵莽的、不稱職的、自以為是的政府，完全可以在朝夕之間，把教育弄得一團糟；在全球屢見不鮮！但是即使是一個非常精明的、設想周到的、全心全意為民眾的政府，也不容易在短時間內扭轉任何教育局面。目前在世界上，在教育發展方面，能夠揮灑

自如的政府，寥寥可數。其中一個原因，是教育的發展，是一個相當長時間的過程，要有長遠的前瞻，又要能夠面對短期的變化，殊不容易。

教育變革 靠不了政府

上面所說，彷彿在為政府開脫。非也！只是說，不能完全靠政府。第一、政府的職能，即使很有遠見，也只能夠靠使用公帑和行政命令，改變目前的急需。更何況有遠見的政府，已經不多見。第二、短視的政府，更加無法從眼花繚亂的教育現象中，整理出一套策略，找到關鍵的入手點。第三、無數例子說明，政府根據教育專業來決定教育政策，並非常見的事；即使是教育，政府肯定還有很多專業以外的考慮。第四、筆者在哈佛的同事 Carol Weiss （已離世），有一項著名的理論（Research Utilization）——理性研究能夠影響政策的機會，微乎其微；除非研究結論能夠滲透民間而成為社會公認的意念（稱為 diffusion）。

筆者探討疫情帶來的種種啟示，裏面甚少涉及政府的責任。就是因為，許多事情的發生，不在於政府——例如香港近年廣泛開展的學生社會體驗；有些事情的發生，甚至最好政府不要插手——例如 2014 年「佔中」期間的學校應對。放大來看，香港教育有什麼成功的地方，就是因為她的「校本」模式，也可以說是政府不經意的堅持。香港在種種國際比較，成績依然出眾，就是因為香港有許多熱心教育而又不甘後人的辦學團體，因此香港很少疲懶的學校，也因而香港教師對教學的熱忱、決策的空間和能力，都不容易在別的社會看得到。香港的教師，是教育發展的最大動力。

然而，在關鍵時刻、關鍵的環節上，政府卻有着無可替代的功能。目前，社會發生全面的、根本的、不可逆的變化；國際關係發生惡性的、粗暴的、仇對的局面；再加上使社會和經濟難以短期復元的疫症。環顧全球，疫情之下迫不得已的停課，已經使各國政府手忙腳亂；顧不上教育更長遠的發展。這裏就嘗試探討一下：政府可以做些什麼？這些方面，不是個別的學校、個別的教師，可以做得到的。

世界紛亂 教育不能停

一、教育不能停。不管世界如何亂、社會如何變，教育不能停。最近看到一個視頻，前行政會議召集人林煥光說：「一直以來，政府對教育的關注，沒有停過。」（大意）的確，一直以來，即使是歷次經濟危機，政府換屆，香港的教育沒有因此而中斷或者被忽視，教育經費也是只增不減。這點很重要，希望維持這種傳統。記得筆者有一位助教，來自巴勒斯坦，她說：「我們的母親，每天要經過很多險阻，才能把孩子安全送進學校；她們天天如此，堅持不懈，因為只要孩子能上學，就有希望！」教育就是希望。教育政策的任何轉變，應該是給予人們希望，而不是相反。

二、改變資源策略。資源放在哪裏？如何放？雖然政府的財政面臨巨大的挑戰，但是教育的資源不能少，甚至要增加。增加應該主要發生在個別學生身上。香港也許做不到新加坡的 Edusave，給每個公民一個公帑的終身賬戶（可以用裏面的錢支付各類學費），但是我們可以優先處理弱勢學生，在「自攜裝置」（資助學生購買座枱電腦、手提電腦或者平板電腦）之外，讓人人可以在家上網。因為線上學習而暴露出來的貧富懸殊，是全球共同面對的挑戰，香港完全有條件可以領先解決這個普世困難。須知，線上學習，絕非曇花一現的權宜之

計。人們開始認識到，我們整天和線上的資訊打交道，為什麼教育裏面運用線上學習卻是如此不發達？但是一旦網絡成為學生學習的一個重要方面，我們的學生就顯得資源不足——不是學校的資源，而是學生個人應該享有的在家、線上學習的必要空間和設施。

三、着意鬆綁。事事在轉變中，在這關頭，學校和教師需要做很多前所未有的、難以逆料的轉變。可否乘機檢視一下各類行政措施，去除不必要的行政步驟，大幅度減少行政瑣事，讓學校和教師有更多空間可以在教學的事物上靈活轉彎。為學校鬆綁，其實也是為教育局的人員鬆綁；他們也需要更多思考和發展的餘地。在這大家都要隨機應變的當兒，學校的管治，宜鬆不宜緊，才能釋放出更多的時間和精力，面對無法預見的挑戰。

釋出空間 面對大轉變

四、毋忘專業。教育部門在這段時間，議程上也許布滿種種政治任務，我們不在政治舞台生活的，無意也無法置喙。但是，教育裏面的每一事物，還有更加重要的專業主體。廣大的教師，是教育專業的主人；他們充滿能量和智慧；專業的轉變，需要依靠教師。香港有很多頗有見地的教育專業人士，他們正在國內、國際上幫助其他社會發展教育，他們也應該可以幫助香港。

五、擴展大學。香港的高等教育，似乎仍然停留在 1980 年代末的規模與形態。符合大學入學資格的中學畢業生，還會有人進不了大學，這是講不通的。不要說西方，就算是中國內地的大城市，夠資格的一定能夠進大學；香港顯得無比落後。況且，中國內地的大城市，與西方一樣，都有遠遠超過本地需求的高等教育。香港的大學，收生

與畢業就業，都以滿足本地作為基線，招收外地學生彷彿被看成是「讓非本地學生佔了便宜」。大學學額擴充，恐怕要克服兩種觀念：大學收入，主要靠公帑；收生，主要看成績。

大學不是政府，大學不管治中小學幼稚園，大學也不制定教育政策。但是大學的收生，是中小學幼稚園為「學歷」而奮鬥的關鍵「龍門」。大學的入學標準和措施，影響着中小學的課程和教學。擴展大學，有利於放開這個「瓶頸」，假如大學進一步不再斤斤計較學生的入學成績，就會為中小學釋出很大的空間。

以上這些，香港政府完全做得到！

（原載《信報》2021 年 02 月 05 日）

第二章：

教育
文化

教育文化之演變

　　朋友，您有沒有想過，學習是人的天性，教育卻不是。教育是人類為下一代的生存與發展而產生的活動。人類社會逐漸成熟，於是為下一代設計有系統的學習，也就是教育系統。因此，雖然學習是天性，教育卻是人為的設計。也因此，每一個時代的教育，必然帶着當時經濟、社會、政治、文化、信仰等的歷史烙印。也就是說，時代不一樣，教育的文化——使命、目標、假設、信念、價值觀、方法，都會不一樣。而且，即使是同一個時代，不同的社會，也會有不同的教育文化。這裏先探討教育文化經歷不同時代的演變。

　　必須承認，人類的學習，很多不是由教育而發生的。教育裏面，有教的元素，即向下一代傳授知識、傳遞文化、提供鍛煉的過程；所以稱為「教育」。然而，人類的學習，有很多並不因為教育而獲得；有些是在生活中自然而然的「習得」，有些是人們努力自學的結果，有些是在不斷的嘗試成敗之中吸收到的。但是今天，由於教育有一個系統、一個體系、一個體制，人們容易把發生在下一代身上的，統統認為是教育的結果。好的是，寄望於教育；壞的是，怪罪於教育。好處，人們重視教育；壞處，人類在教育以外的學習，甚少受到注意。

　　學校，則是教育系統的核心機制。對學校的依賴，是學校制度出現以來的社會信念。但是學校這個概念，也在不斷地變化。

　　雖然最近幾十年，世界各地都發展出各式各樣的非正規教育、持續教育，並不一定在學校裏面發生。而通訊科技的發展，更出現了許多不在課堂發生的遙距教育——從函授，到電視、電腦，現在是通過網絡。演變的不只是科技的發展與溝通的渠道，而且是學習者愈來愈

成為學習的主體，回歸學習的本質。學校扮演什麼角色，正在演變；什麼叫教育？也是一個遲早會出現的問題。

古代社會：少數人的教育

不管如何，大概在我們看得到的未來，學校仍然會是教育的主要機制，雖則學校扮演的角色正在迅速改變。OECD 的四種學校前景（詳見第一章〈學校會變成怎樣？〉），概括了學校「圍牆」逐漸消失的各種可能性；而這些學校形態的變化，在我們的實際生活中，已經陸續出現。不過，這些預測，往往純粹看知識的傳遞，而忽略了學校中「人」的因素——教師與學生、學生與學生。若認識到「人」這個重要元素，「學校」恐怕將永久存在。

中國的傳統，很多人把科舉作為古代的教育系統。其實有點勉強——科舉的功能基本不在學習，而在於選拔官員。雖然也有各類「學院」，但用現代的觀點看，有點像歐洲的「大學」雛形。大多數門生，都是靠自學；或者靠零星的教師。可以說，中國古代並沒有現代意義的、全社會的學校系統。但是，科舉卻營造了一個以追逐功名代替學習的文化，一個對全社會產生歷久不息的教育文化。

可與中國選拔精英為宗旨的科舉相匹比的，是英國以培養精英為宗旨的「公學」（public school）。「公學」並非後世的公立學校，反而是現代獨立學校（independent schools）的前身。英國在 14 世紀開始出現「公學」，專門為大批在海外工作的精英人員（官員、軍人、商家、教士）培育下一代；那更是刻意的全人教育。可以說，在現代的學校系統出現之前：在有學校的地方，學校只是少數人的學習經歷；也因而傾向於全人發展。

其他社會，學校的存在已經很久。今天的柬埔寨、老撾、緬甸都有佛教學校，孩子們以沙彌身份念書。老撾甚至有佛教教育部，管治着全國 40% 的小學生。在許多回教國家，在清真寺旁邊，都有 Madrasa（伊斯蘭學校），自成系統。上述兩者都是歷史悠久的學校，除了宗教性的學習，都有全面的現代課程——語文、英文、數學、科學……他們的核心理念，是個人的修行，品格的淨化，也可以說是宗教性的全人教育。

工業社會：進入社會的入場券

現在全球流行的學校制度，卻是另外一回事。一般認為，現代的全社會的學校制度，始於 1870 年英國的《初等教育法》。工業社會開始冒頭，當時的商人，覺得要維持「大英帝國」的經濟威勢，必須全民接受教育。在他們的倡議下，於是出現了政府介入的、全社會的學校體系。其功能，把人類分等、分類，擇優、淘汰，以配合工業社會金字塔形的各層各類勞動力需求。完全是經濟話語。這可以說是現代學校體系的原型，也是現代教育文化的起點。

這種學校模型，也是工業生產流水線的縮影——學生是原料，教師是工人，畢業生是產品。學校就像一部生產人力資源的工廠。學生接受劃一的教育，劃一的考試，劃一的挑選。學校裏面給予的成績、學歷，就是每名學生進入社會的入場券，進入不同的行業、不同的職位、不同的階層。社會是一個人力的金字塔，學校系統因此也是一個金字塔。大膽地說，至今大多數國家的學校系統，都是如此。

二戰以後，人們的教育理念又有新的發展。德國與非洲，同樣的資金投入，經濟復原的速度卻大相逕庭，於是出現了「人力資本」理

論——除了物質資本，還有人力資本。教育馬上得寵，成為生產人力資本的主要機制。教育的財政投入，從「消耗」搖身一變成為重要的「投資」。於是各國、各個國際資助機構，紛紛投入了「全民受教育」的洪流。1960 至 1970 年代，全球關心的是全民教育，發達國家是 9 年強迫（義務）教育，發展中國家是普及小學教育。

全民教育的初衷，是瞄準勞力市場，個人上學也是為了進城打工。不知不覺之中，學校教育的目標，就是就業。從幼稚園到小學、中學、大學，經過重重的考試，拿到學歷，進入社會工作。學歷其實成了學校教育不成文的目標，也是個人奮鬥的目標，不作他想。學歷也是把人類分配到勞力市場的入場券，是把個人分配到勞力市場的機制。而為了取得學歷，分數，騎劫了學生的自我價值觀——分數高，就自以為了不起；分數低，就抬不起頭。

社會變了：個人自主的學習經歷

這種情況，在華人社會，封建社會一千多年科舉的深遠影響，與現代學校的「工業生產」模式，剛好融合在一起；學歷，是現代的「功名」。清朝末年，設立西式學校，「中學為體，西學為用」，把科舉獨有的拔尖競爭意識，也帶進了新建立的學校系統。因此，把純粹追求學歷當作學習，在華人社會，也許比別的社會更加根深柢固。以前，考取了功名，就有榮華富貴；現在，學業好，將來就會找到好工，高薪高位隨即而來。這就是今天華人社會的教育文化。

但是社會變了，此情不再！消費模式、生產形態、機構形態的變化，造成社會碎片化。小單位，逐漸成為主流。個人與工作單位的關係，也正發生劇變，愈來愈變得短暫而疏離。個人的前景愈來愈無法

預計。用非所學、轉工轉行、自僱創業、網紅、斜槓、暫休、宅家……愈來愈普遍。年輕人面臨的，是多元變幻而混沌莫測的前途。要學生為瞄準職業而重視學業，是完全脫離了實際；也是給了他們一個錯誤的願景。

這些，在 20 世紀生活過來的，會覺得難以理解、難以接受。但這不怪年輕人，怪只怪我們的腦袋還停留在上一個世紀。對年輕人來說，這是他們的現實。換句話說，這是他們生命必然的軌跡，不是說「存在決定意識」嗎？對於他們來說，教育不在乎瞄準職業，而在於拓寬眼界，學會學習；因而能夠迎接變化、擁抱挑戰；從而能夠不斷發掘機會，創造窗口。而且，愈來愈多青年想着要為社會做點事，希望工作有意義。後物質世代，說的就是他們的文化。

說實在的，現在年輕的一代，由於周圍事物的短暫性，更多機會跳出目前的境況而思考自己的下一步。也許他們會活得比上一代更加清醒。

（原載《信報》2022 年 10 月 21 日）

小一入學與補習學校

　　上文提到，清朝末年設立西式學校，把科舉獨有的拔尖競爭意識，也帶進了新建立的學校系統。因此，把純粹追求學歷當作學習，在華人社會，也許比別的社會更加根深柢固。並不是說西方的教育就沒有競爭，但是不像華人社會，只有一條跑道；那是科舉的競爭模式。在西方，也許是基督教的影響，人人平等，因此權利平等，因而教育制度要照顧每個人的特殊需要。在華人社會，是機會平等，但要人人努力去適應教育制度，努力達尖。這裏舉兩個香港的現象，嘗試分析。因為都發生在我們身邊，如有冒犯，原諒則箇。

　　第一個例子：小一入學。這是一個競爭非常厲害的關卡。家長都希望自己的孩子，進入心儀的小學。所謂心儀的小學，好在什麼地方，很多家長其實不甚了了。有些的確是注意到這所小學關注孩子的成長，有些是注意這所小學將來升中學的前景，有些則是家長的社交群組人云亦云……反正這些都成為「心儀」的原因，也造成競爭的壓力。有年輕家長告訴筆者，他為孩子報了 25 所小學。也許一定有比這更多的。

　　大概 30 多年前，小學錄取學生要考試。五、六歲的孩子，考什麼？問問小學的校長與教師，都會如此的告訴你：其實這樣年紀的孩子，很難分辨高低強弱。但是因為有競爭，就要有根據地去錄取，以示公平，不管用什麼辦法。

　　後來，政府明令禁止在小一招生設考試。一度甚至派員到場監察。面見是難免的，招生面見，在家長來說，那是「面試」。教師與校長坦言，唯一可以知道的，是家長是否接受學校的辦學宗旨與教育理念。是否需要選擇家長？那本身是存疑的。那些不知教育好歹的家長怎麼

辦？也的確會有學校逐漸變成選擇家長的背景，或者是家長如此誤會——比如說問孩子乘什麼交通工具來學校，家長就認為是看是否有私家車（相信這樣想的學校極少）。

剛讀完幼稚園，面試「考」什麼？即使沒有明確的答案，市面上非常熱門的「口試訓練班」，專門面對幼兒升小學，其門若市。其實很殘忍，在告訴孩子，要獲得錄取，就要懂得裝扮自己。有家長說，「其實我也很不願意，但是其他家長都送孩子去受訓，我不做也許讓我的孩子吃虧！」

證書門多的泛濫

口試是學校主導的，家長無法控制。於是有家長想出自己可控的辦法：portfolio（學生檔案）；也就是羅列學生的各種經歷過的「學習」——音樂、舞蹈、美術、體育、武術，甚至廚藝、棋藝。相信不是學校發明要家長做的，但是家長送來，總會吸引教師去看。portfolio 逐漸泛濫，家長也愈來愈「進取」。筆者見過有家長為 6 歲的孩子準備了 20 多頁紙的 portfolio，儼如設計師參賽或者爭取設計權的架勢。portfolio 的內容也愈來愈「豐富」，從簡單的文字，變為彩色的圖文並茂。於是便成了又一種競爭。

這也變成了一門生意。一方面是家長們爭相為孩子爭取多些「經歷」，多幾張證書，讓 portfolio 更加豐厚。另一方面舉辦這些活動的單位、機構、團隊，又因此而應運而生。有很多比賽，每個參賽孩子都有證書；極端的情形，每張證書都是「冠軍」。有家長說的故事：舉辦者問要不要證書，家長說不需要；對方感到很奇怪，言下之意，不拿證書，孩子來做什麼？

競爭的現象，也有了改變。受家長歡迎的小學，競爭固然大；那是家長之間的競爭。一些其他小學，則因為人口下降需要爭取多些學生；那是學校之間的競爭。

但是激發筆者思考的，是最近聽到的故事：因為疫情，面見變得不可能，於是在網上進行。不知道是學校的主意，還是家長們的進取，於是出現了孩子網上的錄像 portfolio。家長們為孩子精心拍攝一段希望打動老師的視頻。為了應付家長的過度鋪張，很多學校就規定時間，例如 11 時公布主題，12 時呈交視頻；希望在如此一段短時間內，拍攝不會太誇張。但是道高一尺，魔高一丈，有些家長就事先約好專業的拍攝隊，嚴陣以待。

學生視頻的競賽

社交平台還流傳一個「蒸四條魚」的故事。有一所學校，為了不讓家長弄得太緊張，提前兩天發放主題——晚飯情景。這位家長拍的是蒸魚、吃魚。但是，拍的過程，出現不少 N.G.，於是重蒸、重吃。拍了四次，蒸了四條魚，才拍攝成功。

這些聽起來彷彿是笑話，但卻在我們身邊發生，而且看來會愈演愈烈。學校、家長、活動舉辦者、專業拍攝隊伍，各有各的因由。沒有什麼始作俑者！怪誰？這就是文化！其根源，就是教育的競爭文化！文化如何才能改變？或者起碼減弱變烈的趨勢？筆者能做的，只可以是對不從眾的學校和家長致敬！Salute！

第二個：補習學校。補習，從來就是東亞受過科舉影響的「筷子文化」社會的特點。日本的 juku（師塾），韓國的 hagwon（學館），歷史悠久。筆者的日、韓朋友，沒有不經過補習學校「煉獄」的。韓

國也許最誇張，學校課時較長，補習往往要在晚間；晚間之不足，一清早去了補習才上學。其情況，遠遠超過中國內地「雙減」以前的「盛況」。南亞、東南亞，尤其是華人聚居的地方，也盛行補習。筆者的同事、香港大學教育學院教授貝磊（Mark Bray），整個學術生涯，獨沽一味就是研究補習現象，稱為 shadow education（影子教育）。最近 20 年左右，補習的風氣又吹到了西方許多發達國家，成為全球性的現象。幾乎成了學校制度不成文的必要補充。

香港的補習學校，從來就成行成市。1980 年代，筆者任教的學校，就有同事在夜間以補習出名。主要是針對考試取得高分。大型的補習學校，有高效的營運方式，以吸引學生的規模，作為教師的業績；以業績分配教室的大小，然後以學生人數與教師分賬。那位同事的收入，超過他在公立學校高級教師的工資。後來還出現了補習天王、補習天后；而且是以明星姿態面世，成為全球少有的新現象。值得注意的是，很多成名的補習學校，並不一定就是為學生彌補學業的缺失；他們吸引的，往往還有成績不錯的名校學生，尤其是中學，而且很得這些學生的擁戴，目的是獲取最佳的成績。筆者認為，考試制度的存在，自然有補習學校的出現。你要考試成績，我就給你考試成績。怪誰？

新進的補習模式

筆者遇過有教師鼓勵學生去補習，補習先生竟然是教師的丈夫，這是違反專業守則的，因為這是運用教師在學校裏面潛在的權威，暗渡陳倉讓自己在校外賺學生的錢。更嚴重的是，也可以說教師在校內不負責任，學生在校內表現愈差，就愈需要補習，愈可以通過補習賺錢。這甚至是屬於 ICAC 的行事範圍。

近年看到的卻是另外一種新興現象。一間學校的教師，退休或者提前退休，在校外辦補習學校。然後對這間學校的學生，進行「精準」補習。什麼意思？比如說是一名二年級的學生，補習教師針對該學生當天的家庭作業，個別輔導，幫助完成作業。考試測驗，也是個別精準輔導。這些情形，以比較受家長心儀的學校較多。這些學校一直有潛在的假設，期望家長擔當一定的責任，學生才能完成學業；而家長也似乎接受了這種責任。現在上面這種補習學校，其實是在分擔家長的這種責任。他們的角色，有點像家庭教師，但是又毋須進入家庭。

　　這種情形，無法追溯是何時開始。於法律、操守，都無瑕可擊。學校的教師、家長、補習教師，好像大家都能夠接受。付得起的家長，也接受這樣的支出。引起筆者深思的是，看來面面俱圓的安排，其實是把課內的學習活動，推展到學生的課後生活。學生在課餘的空間，就更少了。除非⋯⋯校內因而有更多豐富活潑的課外學習，也的確有這樣的學校。若真的如此，卻會是一種從未有過的模式。

　　這不是說笑話：2002 年，日本教育改革，打算取締 juku。教師工會強烈反對，理由是：「沒有了補習，考試的壓力豈非完全由學校承擔？」倒不完全是歪理。

（原載《信報》2022 年 10 月 28 日）

教育文化之根深柢固

前文提到香港小一入學與補習學校之畸象。很難怪責任何一方，因為這是文化的一部分，是根深柢固的教育文化。這裏不厭其詳，嘗試以文化的角度，分析一下。以免人云亦云，都說是「文化」，不容易改變，就不深究；或者覺得無可奈何，只能與這些畸象共存下去。如此，只會是害了下一代。

假如要簡單地說明什麼叫文化，第一、文化是遍及的，滲透在一個社會的方方面面。第二、文化是傳承的，代代相傳，認為是正確的思想與行為。第三、文化是不自覺的，在本社會裏面，文化的種種是不會受到質疑的。中國成語裏面的「不假思索」、「理所當然」、「不言而喻」，都是對文化生動的描述。西方人類學家說的 Fish is the last to discover water，魚不知水，正是這個意思。

基於這個概念，審視一下香港社會的教育文化。也就是說，有些事大家都不假思索地去做。不明所以，也不會去計較「所以」，「大家都這樣做，有什麼問題？」或者覺得是理所當然，但是沒有細想這個「理」是什麼？又或者這個「理」是否真的能夠解釋我們的行為？

多年前，筆者曾經分析兒歌《讀書郎》：「小呀小兒郎呀郎，背着那書包上學堂；不怕那太陽曬，也不怕那風雨狂；只怕先生罵我懶喲。沒有學問喏，無臉見爹娘。」這裏面就包含着豐富的假設，精簡地描述了華人的教育文化。

第一，教育、上學、讀書，是同義詞。於是教育可以理解為上學，上學可以理解為讀書，也就是正規課程、聽講、作業、測驗、考試。40 年前，幼兒教育的先行趙鈞鴻校長，就給家長質問過：「為什麼你

們不用書？人家幼稚園有 18 本書！」、「我的孩子上學一個多月，為什麼一個字都沒有寫過？」筆者 1970 年在筲箕灣辦學，就有家長上門抗議：「為什麼不是好好地讀書，要我的女兒學跳舞？」

教育 = 讀書？

今天，大多數家長都接受學生應該有課外活動，幾乎每一所學校都會有學生的校外學習機會。不知不覺之中，大家都不會把教育看成是純粹的讀書、作業、測驗、考試。近 20 年來，學生學習的意義與領域，放寬了許多。

但是，我們對於課內的學習，有些領域變化不大。比如說，小學的語文，仍然充斥着填充、造句、改錯、重組這些老式的作業，不在於學生的寫作能力，而在乎學生是否懂得「正確」的答案。學生做這些作業時，考慮的難免是如何答對老師要的答案。一方面，這是事倍功半的教學法，學生覺得沉悶；學生的寫作能力，不會因此而迅速提高。另一方面，這種「操練」是沒有止境的。於是，課堂上操練之不足，家庭作業繼續操練；家長輔助之不足，讓補習學校補足。結果是，學生的自主空間，不是更多，而是更少了。學生發展自己學習興趣的機會，被我們剝奪了。

因此，不要小覷教學法，那裏面蘊藏着深刻的教育理念與社會影響。那些在教學法上努力並且有成的學校和教師，應該向他們致敬！

第二，上面的觀察，又與《讀書郎》的第二段話呼應——不怕艱難，只怕被責「懶」。這本來是中國教育文化的優點，也是中華民族的優點。勤奮，從來是古代科舉的精髓。「十年寒窗……」、「吃得苦中苦……」。筆者曾撰文提過，貶低先天，崇尚後天，從來是中國

文化的信念，也是世世代代文學與藝術裏面的主題。「懶」，是最嚴重的責難。

現在有些家庭作業，並不在乎其學習效果，而是保證學生在家裏不會偷懶。有時候小學有頻密的測驗，就是希望用此來不斷驅動學生的努力。學校裏的文化，就是讓學生的生活，在學校的掌控之中。這裏面沒有任何負面的意圖，但是學生就永遠不會掌控自己的生活。而這，卻是學生必須盡早學會的。

排滿 = 充實？

同理，家長為孩子布置非常緊密的課外學習，也完全是為了孩子好，沒有任何負面的意圖。但是擠滿了孩子的生活時間表，孩子過着「不自由主」的生活，往往逆來順受，有些也習慣了事事聽父母安排。這樣的孩子，在這種安排下，不會成熟發展。

並非說要放任，讓孩子懶洋洋地過日子，甚至「躺平」。而是需要他們培養自己的能力去努力，也就是需要他們逐漸養成為自己樹立目標，由自己的動力，為之而勤奮。沒有孩子主動的努力，將來如何在社會上立足？這有點像嬰兒學步。要是不斷攙扶，不敢放開，那嬰兒就永遠學不會走路。

第三，這個「懶」，又涉及另一個華人社會的教育信念——競爭。古代科舉，門生的勤奮，並不保證能夠獲得功名。勤奮是必要的，但不是充分的。要獲取功名，還需要參加競爭。因為功名路上，只有一條跑道；只有一名狀元，只有極少數人可以上榜。勤奮不足夠，還要贏了其他門生，才能金榜題名。

演化到今天，就是「不要輸在起跑線上」的說法。筆者對這句話，極為反對，幾乎到了深惡痛絕的程度。不過，即使在在香港與內地不斷的分析批判，近乎大聲疾呼，人們還是作為非常方便的教育口號，到處可見。筆者的反感，有三個層次。

第一個層次，從理論上來說，短跑也許重視起跑，長距離的賽跑，起跑就並不一定是關鍵。起跑好的，與到終點是否勝出，沒有多大關係。而學生的學習征程，恰恰就是一場長距離的賽跑。

第二個層次，輸贏是相對的。就像賽跑的初賽，碰到對手都是弱的，勝出也不一定值得高興；碰到強的對手，也許輸了還是可以出線。贏了誰？輸給誰？沒有絕對的標準。光是喊「不要輸」，是沒有意思的。不怕見笑，筆者高中時曾經在 3000 米賽跑跑第二，聞者莫不豎起大拇指；但是那一場只有三個人，高手都跑其他項目去了。

輸贏 = 優劣？

第三個層次，也是最重要的，輸贏與優劣，不是一回事。學生腦子裏，要是充滿着「要贏」，拿高分，排名高，就以為了不起；分數低，排名低，「輸了」，就抬不起頭。根本就不知道自己實際上學得怎麼樣。就像家長看到孩子作文 80 分，其實根本不知道孩子實際的寫作水平。

這也是為什麼不適宜在學生中排名次。排名次基本上是「科舉」的現代版，把所有學生放在單一的跑道上。新加坡已經在 2019 年開始取締排名次，教育部長明言：「要學生明白，學習不是競賽。」要學生專注真正的學習，也是重視學生學習的個別特點。也就是說，讓學生有多條跑道。

在香港，已經有不少學校取消了排名次。但是還有不少學校有「考第幾」的概念。有些家長很懷念，「沒有名次，我怎麼知道我的孩子表現如何？」這是本末倒置。沒有了名次，實際上就是尊重學生的個性，就讓家長有機會觀察孩子在每一方面的學習真正所得。但是，需要準備，攀比是中國文化的特點之一，學校的改變只是起點。要離開「排名次」的攀比文化，會是一條很長的路。

第四，上面已經論及了《讀書郎》*的下一句——「學問」。什麼叫學問？在古代，金榜題名就算是有學問？其實兩者之間畫不上等號——歷代的狀元，能流傳後世的作品，極少。這也是今天華人社會教育的主要掙扎。筆者近年不斷論及的就是：科舉的特點——功名代替學問；工業社會教育制度——學歷代替學習；在華人社會兩者一脈相承，就形成了今天香港社會的教育文化。

第五，「無臉見爹娘」與前面的「怕先生罵」，一貫的是外在動機。談不上興趣、更談不上志向。難道這就是上學的目的？

歸根結柢，《讀書郎》生動地概括了華人社會傳統的教育文化；把學生的學習生活，鎖在製造功名（學歷）的生產線上。社會變了！如何解開這個枷鎖，讓學生可以擁抱多元多變的未來，應該是今天教育發展的重要目標。

（原載《信報》2022 年 11 月 04 日）

---

* 註：《讀書郎》這裏引的是傳統版本。後來有「潔本」又有《讀書樂》，不在本文討論之內。

「執生」：香港教育最大優勢

聯合國兒童基金會於 2021 年 9 月疫情期間曾發布一張照片，說當時全球的孩子因疫情已經失去了超過 18264 億個小時，這個叫「學習損失」（learning loss），而疫情持續下，學習損失只會更多。怎麼辦？補得回來嗎？香港的教師沒有呻吟、沒有抱怨、沒有躺平，他們是在創新或者廣東話說的「執生」。

疫下：校本創意紛呈

舉幾個例子，是冰山一角。

學校 A：在網上讓學生討論前一天的晚餐，很活躍，它是一堂英文作文課。

學校 B：每天上課的時候，每個學生先在網上分享自己的情緒。

學校 C：把所有的作文都放上網，學生互相評論。就像是全班貼堂，學生互相評論也學了很多東西，老師批改的份量少了很多。

學校 D：小學校長把時間表徹底改造，變成每天早上整級的大課，就像大學一樣。6 個班、5 個班一起上；然後就分班來消化。下午還有 5 至 6 個人的小組輔導，非常透徹。

學校：學生都有特殊學習需要（SEN）。該校不考 DSE，就朝着資歷架構（QF）的第二級，疫情之下，他們的體驗學習，在外面的工廠、外面的商店，戴着口罩照樣進行。

學校 F：以學校為中心畫了一個直徑 1.5 公里的圓圈。方圓 1.5 公里就是他們的社區。在 1.5 公里裏面所有發生的事情，交通、垃圾、水污染、空氣污染，他們都作為自己要解決的社區問題，也是學習機會。

學校 G：小學校長跟全校每一名學生，作小組對話。

學校 H：安排小學生每一課以 5 分鐘的靜觀（mindfulness）開始。效果非常好，整個課堂都不一樣了。他們還把校舍其中一些地方變成靜觀的地方。

我只不過舉幾個例子，相信在座的老師和校長都會說：我們學校也有。

疫情中所發生的，我覺得是一腳踏進了未來。為什麼這樣說？我過去在不同的場合，反覆描述工業社會的職業路程：一紙文憑，一技傍身，一勞永逸、一帆風順，從一而終。是一條直路。但是我也反覆分析，此情不再。由於經濟形態和生產形態不可逆的變化，引起了機構形態和職業形態的變化。總的來說，社會碎片化、工作個人化，已是勢所難免，而且已是現實。年輕人面對的，是一個變幻、莫測、複雜、混沌的社會。長期的、穩定的經濟生活，已經變得稀有。個人有了更大的空間去支配自己的工作和生活，但又要面對飄忽不定的環境。他們需要適應環境、隨機應變，也需要懂得絕處逢生，在混沌之中創造窗口，獲得成功。也就是說，他們需要「執生」。

科技迅猛發展，加速了社會的碎片化，也加速了工作的個人化。疫情更加速了這個過程，已經把我們推到了社會發展的前沿，也迫使我們的教育進入到未來。

疫情下，香港教師兩三個星期就掌握了科技；互相學習，年長的向年輕的學，學校集體之間互相的介紹，設計了學生的混合學習。學生的學習經歷很多，拓寬了視野，增強了自強空間。當然有的成功，有的不成功；這是非常初步的一種嘗試。不可能所有都很成功，但是可能性已經存在了。

校本：催生百花齊放

很特別的是，雖然沒有實體的接觸，但是老師對個別學生加深了了解。一名老師在網上看見學生常常不露面，跟他單獨談下來，才知道他生活在一個非常艱苦的劏房。另外一名學生老是精神不好，了解後才發現他三頓都是杯麵充飢。還有，現在香港校外從事教育的機構多得不得了。這是新的現象，在疫情裏面卻反而更加蓬勃。

「停課不停學」是一個口號，並不是全世界的口號，而是華人社會的文化傳統。「上課」不等於「學習」，似乎是華人社會的共識。香港教師心中是學生，是學生的學習。許多老師在思考，學生在家不能上學怎麼辦？這個不是世界上所有教師的心態。

香港之所以做到百花齊放，還因為有校本模式，教師有了專業思考的空間。剛才袁振國教授說的 PISA 測試，上海、新加坡、香港都參加了，都在世界的前列。基本上，我覺得新加坡是管理得最好的教育制度，上海是組織得最好的教育制度，而香港就靠「校本模式」，靠百花齊放，各自精采。有這個空間，我覺得是香港特殊的優勢。

因為疫情沒法到別的國家，但是，網上的會議多得不得了。比較一下，第一、我們香港的老師心裏總是牽掛着學生。第二，大家不只是看眼前的分數；分數當然重視，但不是全部。大家深知分數是短暫的，教育影響以後幾十年。第三、最重要的是大家的多元化的思維共識：辦同一件事，可以有很多不同的辦法。第四、大家都知道社會變了，一切都需要變；至於方法則要逐步嘗試，那心態就是社會變了，我們也要變。

變化：靜悄悄的教育改革

「變」這個字在疫情裏面非常突出。以前教育是最保守的，最不會變的。現在看起來，因為心中有學生，就會有突破、有創新。是「把學習還給學生」，這個概念慢慢在滋長，是走向未來的基調。

我把那些情況比較詳細介紹給其他國家的朋友，他們說你們實際上在發生一次靜悄悄的教育改革。又說這個不是由上而下，也不是自下而上，這是新的模式，也許是一種新的趨勢。

眾所周知，元宇宙的趨勢就是「去中心化」。事實上，也不可能完全靠政府去辦，政府要盡他的責任，不在話下。但是政府以外，應該是更加活潑；那就是廣大教師的努力。一句話就是廣東話的「執生」。

「執生」，普通話翻譯不出來，英文翻譯最接近的是 improvise。是跳出舒適圈，在困難裏面創出新天地。香港的教師有空間去「執生」，我們的學生也學會「執生」，這是香港教育最大的優勢。全香港的下一代都很會「執生」，香港就有希望。

香港教育的挑戰，短期而言是彌補及治療。實體的群體生活久違
了，目前也要恢復，還要加強。學生的心理情緒，特別是小孩，幼兒，
也許會有一些從來沒有遇到過的孤獨，沒有群體生活，要彌補。重整
情緒心態，追回學習進度，這不只在分數上，其他方面也要重視。

挑戰：短期彌補與資源策略

另外，不要以為過了疫情，一切都會回到昨天。已經聽到有聲音
說，「唉呀，現在沒有疫情了，我們還是不要這樣幹了吧。」如果這
樣，就犧牲了大家在疫下發展出來的創新創意。事實上，「後疫」也
不等於「疫後」，「疫後」是說在打掃災場，「後疫」是說我們進入
了一個新時代。疫情對我們來說肯定是禍，但是有意外收穫，「禍中
有福」，這個「福」不要放棄，還要發揚，這一點很重要。

比較長遠的挑戰。第一，在疫情裏面，大家發現學生的貧富懸殊
是我們想像不到的。平常老師看到的都是穿着同樣的校服，做同樣的
作業，做同樣的考試。未來，混合教學，網上在家學習，一定份量愈
來愈重。但現在全世界的教育資源都是停留在學校這個層面；需要把
資源下放到個別的學生，才可能有真正的教育公平。現在人口下降了，
應該改變教育資源策略，改變傳統的撥款公式，讓資源流向需要的個
人。

第二，「一國兩制」新的形勢。個人認為，我們還都在嘗試與探
索，這條路如何走的最好。其次是地緣政治的新挑戰，不要以為我們
還能繼續享受好像過去幾十年的和平生活。前面是一條漫長的旅途，
今天這個新篇章就是預備走這個旅途。

華夏教育機構成立典禮上的講話（2022 年 10 月 29 日）

載《華夏教育》創刊號（2022 年 12 月）原題「香港教育：優勢與挑戰」

師德：教師文化

筆者曾於一個小學「聯校教師日」的場合，被邀談談師德。這是香港甚少提到的話題，欣然接受之餘，深感也是筆者學習的好機會。師德，馬上想到的是「教師守則」（全名是《香港教育專業守則》）。筆者邀請了幾位老師，同台討論。在事前的交談之中，他們提出了一些觀點與問題，着實打開了筆者的視野。

一位老師說：師德不應該就是守則。一言驚醒！師德的概念的確遠遠超過守則。為什麼要有守則？守則是一種思想與行為的規範，是教育專業成員的共識，也是一種專業人員之間的互相提醒。但是守則關鍵在於「守」，近年取消了的「教育人員專業操守議會」，就接受過許多關於教師失德的投訴，處理過不少教師違反守則的案子。但是，這樣的案子，在全體教師裏面，是極少數。因此，守則只是師德的底線，是最低標準。廣泛的教師，日常的工作、處事的方法、個人的行為，都有一些約定俗成的、教師們大家崇尚的原則，都是師德的換發。而且，而這些教師專業的原則，並非其他的專業都會崇尚的。

這裏先說說什麼叫專業。1982 年，OECD 一個四人小組，應香港政府之邀，經過近兩年的過程，發表了一份《香港教育透視：國際顧問團報告書》。發表的時候，政府還特意邀請了當年所有的「壓力團體」。這也是筆者博士論文的研究事件之一。現在回顧，那是港督麥理浩展開「諮詢政治」策略性的一步。之後，報告書在立法會引起了前所未有的官民（「民」者，非官守議員）對峙，結果政府讓步，全面接受《報告書》成為教育政策的根據。教育統籌委員會就是由此而設立的。

《報告書》提出的其中一點：香港的教師，只知道自己在什麼學校任教，是什麼科目的教師，而沒有一個教師專業的身份。《報告書》因此建議成立一個「教師組織」，並且訂立《教師專業守則》。這是第一次把教師提到專業的地位。結果，1986 年成立了由 63 個教育團體互選產生的 25 人「教育專業守則籌備委員會」，筆者忝為主席。籌委會經過許多次的全港教師諮詢，製成《守則》，同時也建議要成立一個教師組織──「教師公會」。政府接納了《守則》，但是沒有接納成立教師組織的建議；之後的十幾年，在「教師公會」的話題上多次掙扎，終於不了了之。

教師行業 專業身份

當時的背景，1960 至 70 年代，世界上還不斷有「教師是否專業」的爭論。籌委會在 1989 年訪問了 15 個國家，取得了 23 份各地類似守則的文件。有些國家沒有教師守則，例如法國，全部教師都是公務員，他們認為，公務員的守則已經足夠；其潛台詞，教師沒有專業特殊性，因此不必有獨立的守則。最戲劇性是美國，被訪問的著名教師職工會泰斗 Albert Shanker 說：「什麼叫專業？有錢就有專業，沒錢就沒有專業！」

同年，籌委會請來了英國教育學者 Eric Hoyle 教授。對於教師的專業性質，獲得了非常深刻的啟示。他 1980 年曾於 *World Yearbook of Education 1980: The Professional Development of Teachers* 內，提出專業（profession）的 10 個特點：

不可或缺的社會功能（crucial social function）

專門特有的知識技術（specific knowledge and skills）

變幻莫測的工作要求（non-routine situations）

全面結實的知識系統（a solid body of knowledge）

長期經歷的系統培訓（systematic training）

深刻熏陶的專業文化（professional values）

核心價值的內部操守（internal discipline）

因應情景的自主判斷（professional autonomy）

備受尊重的專業團體（professional organization）

頗為不俗的聲譽報酬（prestige and remuneration）

這裏面隱涵着一些基本原理。第一、專業以服務對象的福祉為全部目的。第二、專業的工作，無法以預先設定的步驟執行。第三、因此，專業人員必須有充分的自主運作空間。第四、也因為如此，專業必須有嚴格的內部操守，方能對自主的運作向公眾交代。第一是目的，第二、三、四是手段。

據此，在教育而言，教育專業人員的問責，有三個方面：行政問責（法律、政策、校規、合約）；市場問責（學生、家長、上一級教育機構、未來工作機構）；專業問責（學生的健康安全、長遠利益、全面發展）。簡單來說，教師處事，不能純粹依從行政命令，也不能純粹依從家長好惡。這一點，與醫生的專業問責是一樣的。

也就是說，專業教師，心中經常惦掛的，是學生的福祉。這是專業精神的根本，也是人們常說的專業良心。專業操守，是由於這樣的專業精神而引發的。因此，上面那位老師說得對，師德，是專業精神的煥發，是教師自發而自傲的「我應該」。而操守，則是這種「我應該」的底線，而不是「你應該」的規條。

專業良心 學生為先

前文介紹香港教師的「執生」精神，就是師德的崇高表現。這次聚會，問：「初臨疫情停課，你首先想到的是什麼？」一千多位教師的答案，最多的是「網課」和「學生」。心中都是惦掛着學生。

回到操守，為了學生，有兩點是需要提醒教師的。第一點：教師對學生有潛在的權威，教師需要提防濫用了這種權威。例如為自己的學生另外收費補習，例如接受學生對自己的異性好感，又例如在政治爭論中向學生宣洩自己的偏向。第二點，教師無形中是學生的楷模，也就是教師必須以身作則。就當年收集到的各地守則，這一點不是所有的文化裏面都有的，但卻是所有社會都默認的。

這次聚會，向老師們提出幾個問題，讓他們通過線上互動平台Mentimeter 投票。這些問題，也是幾位老師會前提示的。

教師可以在課後為自己的學生收費補習嗎？

這個問題上面討論過，而參與的教師，絕大多數認為「不可以」。可見這是教師們的共識。已是教師文化的一部分。筆者於第二章〈小一入學與補習學校〉提過有教師鼓勵學生去補習，補習先生竟然是教師的丈夫。這幾乎是 ICAC 的案子。

教師的服裝應該有規限嗎？

這個問題其實不容易有標準的答案。而且不同的學校也會有不同的期望。但是教師服裝的關鍵，是「端莊」，而不是具體的款式。不過，時移世易，「端莊」的定義也在不斷變化。筆者初出道，男教師要結領帶，女教師要穿裙子或者長衫；現在就很不一樣。不過參加的教師，約有 60% 覺得應該有規範。

操守是非 專業判斷

學生不准做的，是否教師也不能做？

絕大多數的參與者，答案是「否」。初看起來，好像不符合以身作則的原則。但是現實之中，卻也不容易下結論。比如說：教師可否染髮？很多學校不是不允許學生染髮嗎？但是教師之中，其實染髮的不少。況且什麼叫染髮？黑髮染成褐色，那牽涉太多教師了。白髮染黑，算不算染髮？

教師可以在街頭與另一半攬抱嗎？

這更加是把以身作則的原則挑戰推進一步。參與教師的反應，絕大多數的答案是「可以」。有老師說，這與投票者的年齡有關，現在的教師都很年輕，答案自然如此。

教師可以與學生結電子群組嗎？

可以想見，絕大多數是教師都說「可以」。現場舉手，就有不少教師已和學生有電子群組交往。而且很多以此而自豪。一方面是教師

與學生的年齡差距不大，是不難的忘年交。另一方面這是電子時代，人人都同時生活在實體與虛擬社會之中。教師與學生的虛擬社交，必然逐漸成為常態。這是小學，中學更是如此。

從以上的答問，又可以看到。一、很多問題，很難有明確的標準答案，需要因事、因時、因地來判斷。因此師德與操守的是非，需要由行內的專業人士作專業判斷。二、因此以前有一個「議會」來逐個案子審查。這與醫務委員會、律師公會的運作，道理是一樣的。很難由一個行政權威作裁判。

會議結束前，筆者問了一個稍有辣味的問題，也是老師會前提示的，

問：「Missie，你係藍嘅定係黃嘅？」

筆者的答案：「傻仔：人唔係分藍同黃㗎！」

專業教師，不應該也不需要在政治撕裂中表態站邊，不應該加重愚昧的撕裂。

（原載《信報》2022 年 12 月 02 日）

教育文化：搶學生

社會文化之成為文化，就是在這種文化裏面生活的人，不知不覺地認為理所當然，不再追究其原因，而不自覺地成為思想和行為的常態。學校之間的搶學生，可以說是非常突出的一例。

在香港，學校之間搶學生，可以說是一種習以為常的現象。幼兒園、小學、中學、大學都是這樣。不只是學校本身有搶學生的意識，家長也是在這種學校的競爭之中，作自己的競爭。媒體也在不斷地促進這種競爭意識，甚至有些官方的機構，也會在學校的學業成績、大學的收生分數等方面，設立指標。實際上是鼓勵了搶學生。

搶學生，有什麼不好？不是說「得天下之英才而教育之」嗎？這是孟子的「三樂」之一。孟子當時是什麼意思，很難猜測。當時的「教育」是什麼意思，也不容易弄清楚。雖然也有「有教無類」的說法，當年也許還沒有全民受教育的概念。

前文提過，全民受教育，是由 1870 年英國的《初等教育條例》開始的。但由於出發點是勞動力市場的需求，所以學校的功能，潛在地就是擇優、淘汰、分類、分等。因此學校之間潛在着競爭。至今，英國除了大學，還有中學的排名榜；那也是家長選擇學校的根據。但是，這些競爭，基本上是學校成就的排名，是「產出」的競爭，而不是「投入」的排名。

在學校而言，「投入」就是收取的學生。搶學生，就是相信，進來的學生強，將來畢業的學生也會強。筆者的親身經驗告訴自己，這種邏輯不一定成立。筆者 1970 年代在筲箕灣辦學，收到的都是小學畢業派不到位（當年 85% 學生獲派位）的學生，中一學生的英文程度，

大概只有小學三年級，但是沒有感到這些學生就是「籠底橙」，他們後來都過着愉快的生活。筆者後來也曾在有傳統的中學教過書，進來的都是小學畢業的尖子，五年中學以後，會考（當年的 DSE）的成績卻呈現正態分布，也就是高高低低的都有。也是說明，入學時與畢業時的表現，並沒有自然的相關性。

入學高分，畢業高才？

也有一種想法，進來的學生強，容易教，出來的畢業生也會強；因此要搶學生。這是把學生當成是工廠的原料，或者是廚師手下的食材，好的原料、食材，才會有好的成品。這是因為工廠與會廚師，都有明確的「產品」目標，而那些原材料都是被動的，甚至是死物。學校面對的卻是「人」。

學校的目標，其實不是明確的某種「人」——學校培養出來的人有千種百樣，不是學校可以確定的，也不是學校可以隨意塑造的，更不是收生的時候就可以預見的。況且，學校，只不過是人生路途上一個短暫的過程，只不過是將來漫長的人生的準備。學校，既不能預定學生在畢業時候的狀態與表現，更不能預先鋪排學生將來的一生。

其實，由於工業社會的意識形態，潛意識地把學校當成了工廠。在沒有另類的選擇之下，把可以量化的學業成績，當成了目標。也是潛意識的工廠概念，把進來的學生當成了原材料——強的學生，就是強的原材料；加工下來，就會是強的產品。這種意識，非常強烈，根深柢固，不會引起任何思索。大家覺得理所當然，所以說是一種文化。

這種文化的形成，是不難理解的。從來，在華人社會，教育就是一片競爭的土壤。家長的競爭、學生的競爭、學校的競爭，形成一個

競爭的生態。這種競爭，無所不在，既然有選擇學生的餘地，當然是選最好的。這在華人社會，也是不言而喻的。但是這種競爭，卻引來了不必要也不健康的競爭，可以說是惡性競爭；就像前文提到的小一入學的「拍片」競爭，勞民傷財，對任何人都沒有一點好處。因為那競爭的標準，是沒有道理的，香港人說「無喱頭」。

很佩服上海的劉京海，他本來是一位研究員，大約 20 年前，不服氣中學對學生的篩選，於是立心接管了閘北八中，它是一所初中，專門錄取當區 32 所小學的所謂「差生」。通過他的努力，三年初中，畢業生都進了重點高中，而且最後的大學入學率，超過上海市的平均。他的經驗，說明把學生入學時的表現，作為他們未來表現的標尺，是沒有根據的。很記得他的一句話，大意是：「學生差，往往是教師認為他們差！」

義務教育，責任轉變！

在香港，筆者初出道的時候，1970 年代初，小學普及了，中學學位不夠，暑假末往往是學生四出奔跑尋找學校。學校的確有挑選學生的機會。1979 年，普及初中，九年義務教育，稱為「強迫教育」。這「義務」，既是家長送孩子入學的義務，也是社會（政府）為孩子提供教育的義務，當然也有學生入學學習的義務。教育界當時沒有注意到這裏包含着根本性的變化。

實現義務教育之前，是學生馴從教育制度。學生在學業上失敗了，那是咎由自取，活該！怪不得別人。因為教育制度沒有義務幫助每一名學生成功。不成功的學生，留級、輟學，是常規。實施義務教育以後，學校有義務要保證每一名學生完成起碼九年的學校學習；學生的

成敗，學校有責任。筆者當年的比喻，就像賽跑：在以前，跑快跑慢，是賽員自己的事；現在，不論是擔還是抬，都要把賽員送到終點。在這種情態下，劉京海式的思維，才能讓教育制度健康發展。

教師是不習慣的。他們習慣了面對「跟得上」的學生，而沒有準備面對「跟不上」的學生。他們習慣了程度比較劃一的學生群，而不太習慣程度參差的學生群。1979 年以前的升中試，全港學生按考試成績排一條長龍，每所學校都會收到這條成績龍裏面的某一段，也就是學業程度都差不多。1979 年以後替代升中試的升中派位辦法，把學生的學業成績分成 5 等（經過種種的技術調整），其實是一種對教師習慣的照顧，也就是不會一下子出現徹底的「智能混合」（mixability）。但是對於學校來說，已經需要心理上的調節——收生最高的學校，之前在升中試裏面，也許收到的是全港頭 1% 到 5% 的高材生；在新的辦法裏面，收到的卻是頭 20% 的學生。

後來由 5 的等級變為 3 個等級。智能混合的程度，又進了一步。即收生最強的學校，收到的是頭 33% 的學生。混合程度的增加，雖說是一種進步，但是概念上其實還是鼓勵了教師和學校，希望多收等級高的學生。大家都常常會聽到 band 1、band 2、band 3 的話語，大家都習以為常，毫無愧色。

特殊教育，堪為楷模！

「搶學生」的意識，並沒有減弱，只不過收生的結果夠不夠理想而已。不過，近年來，已經出現了不少學校，收的學生三個等級都有。那是 20 年前很少的。徹底的政策，是像上海，小學、初中，都是就近入學。學校和家長都沒有選擇。（民辦學校則是搖號，也就是我們

說的抽籤）這樣，教師就習慣了面對不同程度的學生，學生也習慣了進展不一樣的同學。

這就讓筆者想起最近香港特殊教育學會的年會。特殊教育的教師，不斷面對的是有特殊需要的學生。有兩點：第一、他們對於學生每一小點進步，都會非常興奮，非常珍惜。相比普通學校的教師，往往覺得學生不爭氣，看他們的負面多。第二、他們看學生，不是看缺陷，而是看全人，着意發掘他們的長處，而不是埋怨他們的短處。年會上有幾位所謂「特教生」現身說法展示他們的貢獻。十分感人！

筆者一直認為，特殊教育的老師，是我們每一位教育工作者的楷模！在他們的努力面前，「搶學生」，是多麼的羞愧！

（原載《信報》2022 年 12 月 09 日）

工作・職業・事業

　　有一年中學教育文憑（DSE）放榜。有朋友提醒，這是「狀元周」，你不寫寫 DSE 和狀元？本來不想趁這個熱鬧，又覺得這是每年例事，也許寫不出什麼新意。剛巧與一位朋友午飯，卻獲得了新的啟發，值得與讀者分享。

　　這位朋友是一位退休的大型企業 CEO，退休以後仍然孜孜不倦好學不已，也很關心教育。他的一句話，打動了筆者：「為什麼我們勤奮努力了一輩子，到了退休才可以做自己喜歡做的事？」親愛的讀者，你有答案嗎？

　　有幾個例子，讓筆者更加深刻地思考這個問題。朋友曾推介 2018 年一個 TEDx Talks 演講，講者 Lale Kesebi 曾任職香港婦女基金會女性領袖師友計劃舊生會指導委員會聯席主席，並曾任職利豐集團高層，現時她已返回加拿大。她的題目是 *Why It's Time to Bring Yourself to Work* [3]（這裏就不費神去翻譯了）。她開宗明義地說，「對工作，我們是又愛又恨」（We have a love-hate relationship with work）。意思是，每天上班了，很多人的心還在家裏；上班了，那好像不是最令自己高興的事。筆者反過來闡釋，很多人放工，終於回到家，home sweet home，好像那才是自己的時間，才有真正的自己。

　　她認為，這源於 18 世紀工業革命，人在工作崗位上，是為了掌控機器；現代的機構，一層一層的人員，就是要管好一層層管理人員，最後還是為了管理掌控機器的人。因此叫做人力資源（human resources）——人是生產過程中的資源。而掌控機器與管理員工，並不是人們的生活目標。在這個過程中，既不是人們生活的直接目標，更不是他們的事業，不容易讓人們覺得高興。她引用了各種數據，說

3.　TEDx Talks. (2018, July 24). Lale Kesebi: *Why It's Time to Bring Yourself to Work* [Video]. YouTube. https://www.youtube.com/watch?v=3_R0oM-1KZM

明 60% 以上的人，在工作中並不感到有直接的動力，也不是興高采烈地從事工作。

工作，就是人力資源？

她的原意，也是說給管理人員聽的：每個管理階級人員，其實背負着的，不只是他們管轄的員工，也背上了那些員工的家庭，與這些家庭的安康與愉快。為什麼不能讓這些員工，把工作視為自己的事業？怎樣才能使人們早上上班的時候，覺得是自己施展拳腳的時刻？

筆者的解讀 Lale 的分析，的確反映了真實的現況。許多工作，並不是員工愉快的來源。他們也許由於工作出色，受到讚賞、獎勵、升級，但都不是因為工作本身帶來的歡愉。這也的確是工業社會流傳下來的現狀——工作是為了增加效率、增加產量、增加利潤。這也適用於工商界，有些把業務視為事業（如最近離世的蔣震），在裏面得到滿足感；也有些把業務純粹看成是營利，他們沒有事業。

這就部分解答了上述那位朋友的問題：工作並不一定是自己的真正目的，因此到了退休，不需要再為讚賞、獎勵、升級、利潤而努力，就可以找回自己。退休人士不是經常聽到人們不無羨意地說：「你現在可以做你最喜歡的事了！」潛台詞就是，你以前沒有這個自由。中國古人說：「七十而隨心所欲」，大概也是這個意思。

不過，思考下去，在華人社會，這種情況，並不由工業社會開始。為什麼要七十才隨心所欲？在古代，前面的歲月，不是為了擔任人力資源的角色，而是受着種種社會期望、社會格局、社會文化的束縛，許多行為與思想的規範，不得逾越。到了七十，那年代卻是古稀之年，

也就可以豁出去了；隨心所欲，也就是找回自己。這種種的封建規範，在工業社會，剛好被工業生產的規章制度替代了，因此人們到退休才找回自己。

2022 年的書展，有一本《香港百人童年》，筆者在裏面說了一個個人的故事。1950 年，在銅鑼灣聖瑪利亞堂幼稚園畢業。畢業禮上，給頒贈了一本有很多小貓的兒童書，第一次拿到獎品，非常高興。回到家，父親和氣地說：「你知道嗎？第一名的鄭國雄（我還記得名字），拿的是金鑰匙！」才知道讀書是要考第一的。這成為之後十幾年讀書幾乎唯一的動力，其實並不知道為什麼。不斷順着現代化的「士途」（不是「仕途」），不斷考第一。進了大學，才知道與一級榮譽無緣，也就是不再可能考第一。

職業，並不等於事業

西方社會最近的離職潮，也是隨心所欲的西方版。不少分析認為，離職潮的出現，是人們在家工作的當兒，忽然沒有了工作的機構環境，引起了工作意義的思考，出現了頓悟：「每天營營役役，到底為啥？」「為什麼要讓工作支配我的生活，而不是讓我支配自己的生命？」因為他們有職業，但是沒有事業。

這種頓悟，應該說，疫情在家工作，只不過是觸發點。背後更大的原因，是整個傳統工業社會逐漸的、不聲不響的瓦解。筆者不斷探討的，是社會的碎片化、機構的脆弱化、職位的短期化。在個人來說，「人浮於事」，已經是常規。西方也有這樣的報道，疫情之下，就業機會短缺，聘人反而困難。就是香港人說的「有人無工返，有工無人返」的奇怪現象。社會上一般只注意失業，很少關注不願意就業的現象。

話得說回來，並不是所有工作都是受別人支配的。藝術家、運動員、科學家⋯⋯等等，他們有事業，沉迷在自己的事業裏面，事業就是他們的生命。他們也會受到各樣的掣肘，也會碰到許多周折，但是仍然樂此不疲。專心注致的科學家，也有強烈的事業心，問了自己的科學探索，可以廢寢忘餐。

我們身邊的許多專業人員，都是對自己的專業，懷着無限的熱忱、無窮的興趣。他們在工作裏面，不斷在滿足個人的願望。醫生和教師，尤其如是。因為他們面對的，都是活生生的人；希望把這些活生生的人，盡量接近完美。這就不只是一般的事業。

醫生，他們入行的時候，幾乎都是懷着「醫者父母心」。我們聽到本屆「狀元」，打算從醫的，都有這種信念，希望能夠幫助更多的病人。當然，也有醫生後來轉為管理人員、政治人物，也有少數變質而純為牟利；但是仍然可以看到許多戰戰兢兢、不為名利所動、俯首為病人貼心服務的醫者。是他們，在支撐和創造着我們今天的醫療健康體系。這也告訴我們，進入醫學院，只是實現理想的第一步。

與醫生比較接近的如護士、心理學家、言語治療師等等，都有着同樣的抱負，才能把日常的、也許是繁瑣的工作，變成自己的事業。

教師，俯首學生的事業教師，是另一個可以把工作視為事業的專業。這裏說「可以」，其實是「應該」。不管是在社會騷亂裏面，還是在長期的疫情底下，香港教師心裏懷着的，是「學生第一」──學生的安全、學生的學習、學生的生活、學生的家境。他們對這些活生生的學生，對他們全面而複雜的照顧，是行業以外的人很難想像的。他們與學生之間的感情，也是別人難以理解的。近來離港的教師不少，他們依依不捨的，往往就是自己的學生；他們之中，許多在國外，還與學生保持做密切的聯繫。因此說，教師也是視工作為事業的專業。

上面 Lale 的啟示，也適用於學校。同事陸慧英教授（香港大學教育學院教授）的大規模追蹤研究，發現在疫情中，雖然香港教師總體積極樂觀，但是學校之間會有差異；其中的關鍵，在於管理層。筆者在疫情期間，訪問過不少學校，教師是否自在、自信、自豪，可以說是一所優秀學校的不二標誌。也就是說，學校的「業務」，對他們來說，也是他們個人的事業，是他們的使命、愛好、興趣。這也是為什麼他們在疫情停課的不利狀況下，不怕離開自己的「舒適圈」，精益求精，不斷尋求突破。能否讓教師處於這樣的境界，正是學校管理層之關鍵。

在此，筆者感恩：能夠一生在自己醉心的事業裏面工作。要說「隨心所欲」，就是目前所做的。雖則有時候是自討苦吃，還是愉快的。

（原載《信報》2022 年 07 月 22 日）

教育新起點：擺脫單一化

前文提到，當代教育的設置，是工業社會生產流程的延伸。學生經過這個流程，預計有確定的結果；這個結果，常常是單一的。每個學生，都要進入這個單一的流程，接受單一的過程，達到預設的確定目標，完成學業。達不到，就是不及格。

這也許不能說是社會文化，而是全球性的教育文化。除了極少數的教育制度或者學校，學校的過程都是這樣的工業生產流程和操作。反觀目前社會的新常態，這種教育模式，就很不適應學生的成長。

現代的學校制度在 19 世紀中期剛剛出現的時候，那是純粹的勞動力選拔過程：定下標準，達不達得到，那是學生自己的事。學些什麼？教的過程如何？都不重要，反正要「一視同仁」，才能分出高下。就學生來說，一旦及格，拿到學歷，就大功告成；經過一道道關卡，取得證書文憑，就能「入場」，進入社會。這過程裏面，確定的唯一標準，是整個教育制度的關鍵。放棄了這個確定的唯一標準，整個教育制度就失去了選拔勞動力的社會功能。不能怪當時的制度，因為那也是支撐勞動力分配的重要機制，是工業社會當時的必須。

單一標準 篩選人才

1960 年代香港「教育大企業」，很能說明這種狀況。典型的威靈頓書院，是非常精細的科學管理，每一位老師每一節課，都有固定的內容；加以全校五個校舍的統一測驗，與校內訓導處嚴格管理學生，不容得教師有任何差池。200 多班的中一，一路篩選，到中五畢業不到 30 班，全部優異成績畢業，都是精英。這些精英之中，就有當年

最年輕的中國科學院院士港大教授支志明，還有前行政會議召集人林煥光。

有人會說，這不是很好的制度嗎？不是出了人才嗎？要知道，每年淘汰出來的，哪裏去了？絕大部分就成了社會基層的勞動力，也就是社會金字塔的底層。收入不高，但是還有立足與生活的餘地。這些人，也許還可能有成績以外的優秀潛質，但是除了極少數以外，都沒有表現和發揮的餘地──對不起！社會沒有你的位置。

現在社會變了，變得變幻莫測。消極地看，沒有了穩定的工作和生活環境，「人浮於事」是常態；積極地看，社會流動也是常態，到處都有新的機會。現在，一個健康的社會，需要每一個人都有流動的準備和能力，沒有了一勞永逸的空間。

這樣，就要讓每一個人都懂得自己的價值，都有充分的自信，最大限度地發揮自己的潛力。這其實就是今天教育的使命。

而這個使命，並非純粹的信念，而是有現實根據的。有道是：「天生我才必有用」。每個人可以按照自己的特點，健康地、充實地、有希望地發展。這也是近年世界上不斷有人提出教育「個人化」、「個別化」、「個性化」的原因。也因此，單一標準，就不符合社會的期望──社會有多樣的機會；也不符合人類天然的發展──人有多樣的潛力。

這是一種根本性的變化，但是在學校裏面，還不容易感覺到。從中學畢業的 DSE 考試說起，雖說我們的考試，已經盡量減少死記硬背，但是人們仍然潛心於研究過去的標準答案。而標準答案，卻是一切公開考試的命根子。沒有了標準答案，如何評分？如果題目是講究發揮、創新、想像，學生們各自循着不同的方向答卷，如何評分？沒有了過去歷年的標準答案，學生也無從準備考試。

標準答案 為禍無窮

其實，在大學裏面，愈來愈多的課程，已經離開了單一標準的傳統。學生個別化的發揮與創造、學生集體合作的作業，已經是非常普遍。筆者的校內課程、暑期學院、國外培訓，學生或學員需要呈交的是「學習成果」（learning product），是創作性的「作品」。在校園，處處看到的學生圍坐討論，都是在從事創作性的作業。

全港性的大規模公開考試，要變成學生發揮與創作的過程，從而擺脫單一性的指標，非常困難。學生能力的國際比較 PISA，大規模，測驗的是學生「運用知識」的能力，而不是「擁有知識」的份量；這是它先進的地方。但是這是一個教育宏觀體系的國際比較，無法替代對個別學生做評價和分級的公開考試（例如 DSE）。因此，可以說，全球到處，具有社會功能的公開考試，至今還大多數是劃一標準，難以有合適的替代品；這也是考試的性質決定的。

筆者的取態，是一方面仍然要為學生準備單一標準的公開考試，但是另一方面，在其他方面的學習，盡量擺脫單一標準的教學與測評，是可以做得到的。例如，疫情期間，有小學教師把學生的英文作文，全部上網，全班可以瀏覽和評論，而不涉及評分，就是一個很好的例

子。初中，學生做原創性的研究，比較書包的優劣，也是另一例，就沒有劃一的目標。

但是，另一方面，在小學，也許單一性的教學，仍然有它的慣性。比如說，相當多的教師，仍然沿用傳統的填充、改錯、重組，需要學生按照教師的單一答案作準，否則扣分。曾經有家長傳來小學生的作業，教師問四個方向，學生答「東、西、南、北」，被批為錯答，因為答案應該是「東、南、西、北」。另一個例子，填充題：「今天爸媽帶我去公園，我……」學生答「我發脾氣」；教師打了個叉，大概認為應該是「我很高興」才對。這樣的情形，相信讀者一定見過不少。

理解文化 尊重差異

這有什麼不對？這會訓練了不是練習表達，而是練習答題；不是按知識作答，而是按標準答案作答。拿的分數事小，學生養成的單一化思維事大。長久如此，他們會認為對於任何問題，答案只有一個；其他的答案都是錯的。任何困難，解決方案只有一個；這個方案行不通，就只有坐以待斃。

推而廣之，「我這個行業做得好好的，為什麼要我轉行？」多年前，電視上看到一位「三行」工人，不願意接受「再培訓」：「我在這行是老手，為什麼偏偏要我學電腦？」最近的疫情，不少航空界的專業人士轉行，很多朋友就表示敬佩，因為他們有這種轉行的志氣與能力，正是今天社會最需要的，絕對不是「馬死落地行」那麼簡單。

擺脫單一化的思維，也許是我們的教育向前走的一個起點。一位朋友回憶初到外國念預科，老師問「What are your views？」這位朋

友覺得摸不着頭腦：「什麼叫 views ？」 筆者工作 16 年以後到英國念博士，最大的衝擊，就是「我對，你也可以對！即使你的看法與我不一樣，甚至相反。」

這也是後來筆者對於文化差異有興趣的起點。為什麼中國農村的入學率不是與財富成正比（這是國際規律）？為什麼在中國，教科書不成問題（國際上教科書是一個頭痛的問題）？為什麼中國農村教育講究「一無兩有」（校校無危房，班班有教室，學生人人有桌椅），而印度只需要一塊黑板（黑板行動）？那都是 1980 年代在各地農村作研究所遇到的思想挑戰。文化，就是各個社會會有共通的問題，但是解決的方法卻可以不一樣，而可以同樣有效。

（原載《信報》2021 年 05 月 07 日）

短缺？過剩？浪費？急什麼？

這個標題，隱含着教育界目前大家都關注的話題：「殺校」！這兩個字，用得很不恰當。完全是負面的語氣，把解決問題的方案，表達為打擊的態勢，對任何一方面都沒有好處。這裏面牽涉到另一種文化元素：教育制度管制的文化假設。

基本原因，是學生人數減少了。道聽途說，全港總計中一學位將會有超過 2000 個學位過剩。學生減少，認為是學生「短缺」，此其一。學生少了，因此學位「過剩」，此其二。學位過剩，因此一些學校要停辦，否則會「浪費」資源，此其三。這三個環節，其實都並不一定有邏輯關係；其中的因果，也許有了 1990 年代「殺校」的先例，於是成為順理成章的假設。

學生減少了，為什麼就是「短缺」？因為疫情，遊客少了，因此顧客「短缺」，商店生意因此少了。醫院，病人多了，醫護人員忙不過來，那也是「短缺」。投資的人少了，我們說資金「短缺」。因為供應鏈不繼，造成機械配件「短缺」。這些「短缺」，造成某種損失；因此不是好事。但是，學生少了，為什麼說是「短缺」？造成了什麼損失？為什麼一定是壞事？可否變成好事？

為什麼學位會「過剩」？「過剩」可以是好事，例如傳統的農村，有餘糧才是真正的豐足，也就是要「過剩」。過剩也可以是壞事，例如早期的市場經濟，可以因為生產「過剩」而釀成經濟危機，不是有倒掉「過剩」的牛奶、毀掉「過剩」的產品的先例嗎？至今，也會因為石油生產「過剩」而出現恐慌。但這些危機與恐慌，都是經濟上價格下跌引起的壞事。再者，現在的消費品，早就過量生產，一個人擁有幾十雙、幾百雙鞋子，算不算「過剩」？為什麼我們不擔心？我們

反而會說，這是生活質素的提高。對了，因為這些消費品，是在不斷地更新市場，也可以說是不斷地提高人們的生活質素。

過剩浪費 是耶非耶

進一步想一想，假如公立醫院的醫護人員不斷增加，又或者病人減少，我們會擔心病人「短缺」、病床「過剩」、醫護人員「過剩」嗎？不會，我們只會因而期望有更高素質的醫療服務。我們會覺得醫院在「浪費」病床嗎？會因此而研究關閉醫院嗎？同理，學位「過剩」會造成什麼危機？什麼恐慌？而要關閉學校？

這裏有一個大家已經習以為常的假設，不再質疑。學生過少、學位過剩，就要關閉學校，那是有一個比較曲折的邏輯。基本上是按照規例，按學生人頭撥款、按班撥款。假如學生少了，那麼原來給一定數目學生的資源，就會讓較少的學生使用了。照規例來說，就是資源「浪費」了。於是要關閉會浪費資源的學校，是為「殺校」。

假如真的是從「浪費」的角度考慮問題，其實還有許多種可能方案；但是如上述，也許是由於 1990 年代的先例，就自然而然認為關閉學校是當然的方案，也會不作他想，認定是唯一的方案。近日與一些資深的教育界人士談起，就可以有許多另類的方案。以後詳細介紹。

綜合以上，對於學生人數下降，應該有一個總體的理念，一個遠景目標，也應該把目前的措施，與這些理念與目標銜接。

理念，是教育如何定位。數年前，曾經聽過一位前高官說：香港一直以來，即使是財政出現困難，從來沒有減少在教育方面的資源。

現在，教育還是不是政府的優先項目？不論對香港的教育抱什麼觀點，教育必然也必須是香港發展的關鍵環節。任何輕視甚至仇視教育的觀點，不會為香港帶來任何好處。假如認為教育有任何缺點和弱點，應該細心研究，但更加要重視發展教育。香港教育裏面蘊藏的豐富資源，是香港經年累月積累下來的寶藏。如何讓這些資源，在新時代發揮新的作用，應該是香港認真考慮的。

教育寶藏 懇請珍惜

也就是說，不能因為學生人數下降，就純粹按照規例限定的公式，純粹從財政出發，認定教育資源「過剩」，因而把減少學校數目，作為教育發展的目標。這樣做，只有把香港的教育，看成是完成公務行政的一個部門；就會回到1960年代的思維，認為教育只是一種消耗（而不是投資）；就會把香港辛苦累積下來的教育寶藏，全面否定。若不小心，就會應了「攬炒」的咒語。

現實對香港的挑戰，剛好相反。香港社會的急劇變化，個人前途的變幻莫測，也許比中國內地更厲害；加上香港人與世界各地的無障礙來往，加上香港更容易捲入國際經濟和政治的漩渦，香港的下一代，必須有很強的裝備，才能迎接未來，也才能完成香港的使命。千萬不能在這關頭，反而廢了香港教育的武功。

過去兩年的動亂與疫情，香港長期斷續停課，堪稱世界最長。而在香港教師身上煥發出來的智慧與勇氣、正能量與使命感，老實說，很少其他社會可以比擬。他們身上蘊藏的專業能量，難以估量。千萬不要把香港的教師，當成是簡單的僱員，看成只是薪金表上的一個數字，當成是可以隨時揮之即去的兵丁。

然而，疫情在世界各地引發的最大教育關注，是社會公平。很多社會，包括發達的經濟體，一大片的地區，學生無法上網；有不少社會，學生上網只有手機。這在中國內地，卻不成為問題，互聯網在農村的覆蓋率，96%。在香港，問題不太嚴重，但最近有團體的調查，就發覺還有學生，因為家庭環境，無法有效地上課；香港如此富裕的社會，有點說不過去。

教育資源 重心下移

在在說明，在不遠的將來，為了學生有公平的學習機會，資源投放的重心，將會從學校層面，下降到個人層面。目前的教育資源，是保證學校享有充分而均等的資源；未來則要保證每名學生享有充分而均等的資源。這是一個翻天覆地的資源策略變革。資源的重心下降，必然需要社會有更大的資源投放。這也可以說是教育層面的「扶貧」。在這種情勢下，反而去着意減少或者凍結教育資源，將會是非常不智。

從眼前來說，是否需要急急忙忙就定下關閉學校的「大計」。可否就與很不如意的「浪費」，「共存」一陣，強忍一時，觀察一兩年，在這段時間裏摸索前進的新方向。在這段時間裏面，可以定出一個大方向，鼓勵民間設計和嘗試在學生人數下降的情況下，如何最有效地運用有限的資源，又或者尋找和開創新資源。就讓民間百花齊放，說不定柳暗花明又一村。在種種方案中，也不排除關閉學校，但那卻必須用專業眼光，充分研究和評估，決定學校的去留，才不致真正「浪費」了寶貴的資源。

值得一提的是，經過上一輪的「殺校」，不求上進、平庸度日的學校已經寥寥可數。假如真的是學校太多，也是去蕪存菁的好機會；

不過影響學校收生的因素很多，影響學生表現的因素也很多。這些因素，有些不是學校可以控制的，有些是地域環境的必然，也有些是刻意在弱勢社區辦學的。這些複雜的因素，正是香港辦學的多元特色。千萬不能只靠表面的數字指標，就不問情由一刀切。比如說，有些學校，地處偏僻，學生很少，但是辦得非常有心思，就不應該純粹靠數字指標而決定去留。希望不要再糾纏在小班的好壞，為何不思考「小校」的優勢。微軟創辦人 Bill Gates 就曾經投入大量資源，刻意塑造「小校」。

以上是筆者一貫的觀察，只不過在此學生人數劇減的情景下，假如看不到教育的必由前路，可以葬送香港教育，葬送香港的下一代。

香港的教師，經歷了動亂和疫情，依然不暇地為下一代而努力；不像很多社會，香港的學校體系沒有崩潰，我們應該感恩。希望教師的韌性能夠得到承認、尊重和珍惜。也希望各方面都以正向的態度對待未來。最不應該的，是拿教育祭刀。優先開創教育新境界，是全球的方向，中國更是如此；香港如何自處？

（原載《信報》2021 年 10 月 22 日）

壞事好事 盡在人意

上文談到香港因為學生人數下降而引起的思考。香港不少學校在學生當中開展「正向學習」，也就是學會用積極的態度待人接物。學生人數下降，本身只是一個數字，是福是禍，完全看我們的態度與思路；是危機還是契機，盡在策略和方案。對教育的發展，可以有利，也可以有弊；對社會的前途，對人心的影響，更是可以有天淵之別。對於學校制度的管制，也應該有一個正向的取態。

新冠肺炎絕對不是好事，但是疫情延續，國際上已經有不少文章，探討疫情如何能夠創造機會，解決一些平時不容易解決的難題，釋出可以出現另類局面的空間，加速原來進展緩慢的前進步伐，等等。也就是我們常說的「轉危為機」，「壞事變好事」。可以有下列的思考。

思考之一：重新理解學生權利。學生學習中需要運用科技，已經是全球的共識；但是現實之中，教育領域的科技應用，遠遠落後於社會其他部門，甚至落後於人們的普通社會生活，這也是全球普遍的現象。疫情停課，無法面授，全世界都急忙轉向科技求救。疫情停課，在家學習，暴露出許多學生因為家庭條件而無法在線上上課。即使是經濟發達的國家，也有相當部分的地區，無法線上上課。這是全球性的問題，但是香港這個富裕社會，不應該出現；更不應該發現了而不解決。涉及一個正向的觀點：線上學習，將會（已經）成為學生的必須。

於第一章的〈學生•學校•家庭〉曾介紹過，2021 年 3 月下旬，新加坡估計疫情消斂；打算 4 月開始，學校每周抽出一天「在家學習」。那不是由於疫情的應付性措施，而是嘗試讓教育步入新紀元，積極主動進入新常態。可惜後來疫情反覆，沒有實施。2020 年，沒有多少疫

症的蒙古，原來打算在暑假後，每周三天在校，兩天在家；也是一種向前的正向思路。雖然後來也沒有實施。

探索科技教學　促進學習均等

香港即使沒有如此的魄力，也必須準備全體學生，有機會需要線上學習。即使沒有學校的要求，學生的學習生活會很不一樣。而且這種可能性會愈來愈大，會愈來愈多。疫情暴露出來的缺陷，即使疫情完全消退，也還是需要解決，否則對學生不公平。

目前的形態，是令到全民入學，每一名學生都能有一個學位，也就是說，所有學生都有均等的起碼學習資源。直至今天，世界上大部分社會，都是把學生入學作為教育的基本目標。但那是假設學生都是坐在同等的課堂，面對同等的教師，接受同等的課程，等等。因此，讓資源投放到學校，讓學校得到同等的資源，就實現了教育機會的公平。

但是假若學生所受的教育，需要一部分在線上個別獨立進行，就需要有學校以外的資源，例如家庭的條件——經濟條件、科技設施、家庭環境——才能讓每一名學生得到公平的學習機會。循着這樣的思考，目前每個學生接受的教育資源，是太多？還是太少？要學生人人享有同等的資源，社會的教育資源，就需要有較大的調整，也就是降低教育資助的重心，把教育平等的概念，從學校公平移向個人公平。

以上這些，旨在說明，現在大概沒有人會否認教育是社會發展的重要因素，因此教育資源的投入是社會的投資。但是落到實處，就要真真正正讓每一名學生有足夠的學習條件。這是一個不小的工程，但是每一個社會都要面對這個挑戰，沒有迴避的餘地。

從科技發展的角度看：不是說要做「智慧城市」嗎？我們的學生如何學習？他們有什麼學習工具？他們掌握什麼學習工具？是一個重要的標誌。從教育發展的角度看，學生有沒有機會自主學習？學生也沒有能力獨立學習？也是教育向前發展必須回答的問題。

也許有人會說，這與學生人數下降有什麼關係？這裏想說明的是：學生人數下降，正好運用「空出來」的資源，用來促進學習機會的均等。否則，容易有意無意之間當成是減縮教育開支的一個好機會。從社會的全盤看，從發展的長遠看，還是純粹從避免「浪費」，得出來的方案會很不一樣。

也會有人說，人家都還沒有做的，我們何必去做？一則很多社會的政府，還在忙於彌補學習損失（例如：美國聯邦政府出資給學校在課後補課），無暇去考慮下一步；二則許多社會只是想到科技的種種技術問題，沒有看到科技會引起的學習革命，因此沒有在學生的學習條件方面下工夫；三則教育資源其實很珍貴，並非限於經費撥款，香港有戲劇化的學生人數下降，豈非難得的機會讓學生享受更多的平均資源。

以上是講總體的教育資源，不宜因為學生人數的急劇下降，因而以為可以大幅度削減教育資源。下面是探討：同樣的資源，如何分配得更好。

思考之二：靈活處理各類標準。學生人數下降，對原來的資源分配策略，挑戰很大。若把目前的撥款公式，看成是不變的思想出發點，那麼就是很大的「浪費」，違反了原來的「公平合理」的策略原則。但是人數的戲劇化下跌，其實也說明現在的公式，已經不適用；在可見的將來，估計人數還會下滑，就更說明現存的策略基礎，已經守不

住了；也可以看成是改變現存公式的機會，重新塑造新的「公平合理」的原則和標準。

現在看到的數字，還是按照目前的學區劃分，估算每個學區的人數盈缺。有校長說，這說明這樣的劃分已經過時。但又並非簡單地把學區重新劃分，而是可以在概念上模糊現在的學區分界，起碼允許較大程度的跨區入學，那麼人數的盈缺情況就會很不一樣。

靈活調整班額門檻減少不和

現在學校的存亡，很大程度取決於收生數目，看是否符合一個班的最低人數。但是若到學校裏面看一看，就可以知道，這種一刀切的標準，很容易「殺錯良民」。有一種說法：「小班教學，證明無效」。早就有國外近 30 年來的種種研究，對於班額的大小對學生的影響，都沒有定論。綜合他們的各類結論，大致是：「純粹的班額縮小，並不一定就會促進學習。」也就是說，學生的學習成果（絕大多數其實是指學生的學業分數），有許許多多的因素；班額大小，只不過是其中一個因素；只看這單一因素，當然無法找到與學生成績之間的因果關係。所以，既不能說小班是促進學生學習的靈丹，也不能說小班就一定無效。

得要說明，香港的所謂小班，接近 30 人，其實不算小；在別的社會，20 人以下才是認為的小班。也不算大班，內地很多地方現在的標準是 50 人，（以前還見過 100 多人的班，現在一般不允許了），而且大班往往是因為學生出眾，家長擁護。反正，過分的「大班」與「小班」，都輪不到香港。也就是說，目前的班額門檻標準，其實是出於財政考慮，與教學效果沒有關係。若不拘泥於現有的門檻，放得

靈活一點，可以減掉不少不必要的擔憂及不和。

　　思考之三：從容迎接未來挑戰。上面只是略舉一些方面。只要放寬心懷，從容從事，只會讓事情變得更加順利。

　　例如，香港對於教師承擔的「課時」，當成是一個硬指標，既是課程的標準，也往往是教師工作量的標尺。假如放鬆一點，讓各方面多一點空間，例如讓教師有較大的進修時間、更多的借調機會、更多的學習假期，只會增加教師的貢獻。目前教師的弦，都繃得很緊。學生人數減少，正是逐漸鬆開這條弦的大好機會。

　　重複前文的建議：何必操之過急？再加一句：何必弄得草木皆兵？假如讓教育界分享一個願景，共同把握契機，人人獻計，共同努力；一定會有許多意想不到的驚喜。在這過程中，假如能夠深入細緻地了解每一所學校，則即使最後學校數目有所調整，大家也會心悅誠服。

（原載《信報》2021 年 10 月 29 日）

第三章：

疫情停課

疫情：香港故事

美國 NCEE（National Center for Education and the Economy）的國際顧問委員會舉行會議，開會之初，邀筆者用 10 分鐘介紹疫情下的香港教育。10 分鐘，幾張 ppt 一下就過去了。但是一想，這是對我熟悉而又久遺的朋友講香港故事，值得認真思考與準備。以下算是筆者為那 10 分鐘作準備的一些思考。

香港的疫情，自從 2020 年初開始。期間長期停課，只有斷續的復課。到後來疫情又嚴重起來，不過已經大致恢復半天上課。在疫情之前，還有社會騷亂，也引致接近一個學期的斷續停課。連續數年，停課，是香港教育的常態。為了寫這篇文章，筆者就心中的問題，請教了數位與比較多的學校接觸的朋友。

毫不諱言，筆者看到許多在疫情中出現的、動人的、精采的事例。也感到應該把這些好的故事，起碼在本港廣為傳播。這也是筆者不斷在做的。因此，容易被人看成是香港情況的「好友」。「好友」這個股市名詞，有兩面性。一方面是樂觀看好，但是另一方面也隱含「其實並沒有那麼好」，過分樂觀，或者盲目樂觀。現在英語媒體有一個說法，叫做 confirmation bias，自我肯定的偏見——有了偏見，於是選擇性地不斷吸收肯定自己的訊息。偏見於是在自己的腦子裏，愈來愈得到肯定，變成了一種固執；因為已經聽不進其他訊息了。

樂觀或偏見，認真自問

因此筆者的問題是：是否只看到令人高興的一面，而看不到令人擔心的一面？具體來說，是否只看到學校中好的例子，而看不到壞的

例子？是否只看到有突破性的事例，而看不到保守滯後的一面？是否沉迷於發掘令人興奮的事跡，而忽略了令人難過的慘狀。對於這些，經過與數位朋友的推敲，筆者有下列的看法。

第一、什麼算好？什麼算壞？是價值觀的判斷。筆者的判斷：是否符合教育發展的大方向——是否有利於學生從被動變為主動？是否有利於學生學會與人相處？前者是關於知識與能力的獲取，看是否能夠趨向擺脫工業生產的模式。後者是道德品格的養成，看是否能夠擺脫只為個人爭贏的科舉心態。

第二、筆者在疫情中到過的為數不少的學校，會不會只代表着學校現況的少數？疫情停課，使原來的學習模式無法進行，但恰巧又有了網上活動的可能性。前者出現了一個空檔，後者成為自然的填充。問遍各個方面，因為停課而覺得無計可施、束手無策的，幾乎沒有。香港教師沒有「躺平」。也就是說，「網課」，已經成為常態。這在數量上應該是相當肯定的。但是，努力的程度與成效，會有很大的差異；而且有研究顯示，這種差異正在擴大。

第三、疫情下香港教育總的態勢，網課是不得已的權益之計（也就是說始終要回到原來的模式），還是因為網課而開闢了新的天地？這就牽涉到，學校裏面的許多「創新」，是否有生命力？是否蘊藏着未來？筆者這次請教的朋友，每人大都涉及數十所中小學，其中甚少重疊；又或者通過種種項目，接觸無數學校與教師。筆者也訪問過沒有參加任何項目的學校，甚至不見經傳的學校，都會拿出引以自豪的創新，讓人眼前一亮。大家都一致認為，有突破的學校，應該絕對不是少數。這些突破，有大有小，這很正常；但都看到學生更為主動活潑的一面。或者說，整個教育界的「勢」，是朝着健康的未來方向。所以筆者在不同的場合說過：香港的學校和教師，一腳踏進了未來。

第四、我們面臨的，不是網課與實體課之間的二選一，不是用網課取代實體課，而是網課必將成為必須。筆者認為，一個新的嘗試，不管是經驗還是教訓，都是寶貴的。這種嘗試，遲早會出現，因為它代表着未來；只不過因為疫情而催生了。因此，也不必介意在這個嘗試的過程中出現的缺失、阻滯、困難。一種全新的嘗試，一帆風順才怪呢！而在這個過程中，一定是有快有慢；一個偌大的體系，不可能要所有學校步伐一致。

實體與網課，必然共存

第五、網上交往，已經成為常態，教師之間的交往方便了，網上的討論已經經常化，而且參與的人數培增。這是發揮了網上交往的優勢。在校內，師生、家校之間的交往也更實在了。但是，停課也窒礙了學生的實體群體活動。這將是後疫時代的一個大課題，不只是恢復群體生活，而是因為疫情而促使大家重新認識群體生活的意義和重要性。

第六、然而，不少統計，都顯示香港的中小學，對於種種情意方面的學習，頗為普遍。缺乏實體的群體生活，這些人際交往的學習，竟然會蓬勃起來。這是香港以外的朋友，很難理解的。我們自己也需要探索一下裏面的因由。

以上是筆者對於疫情下香港教育局面的「撫心自問」，也就是希望認真對待自己的思路與觀察；但是要對其他社會的朋友介紹這些觀察，卻需要另外一些思考。短短的 10 分鐘，只能是概括性的闡述，這不難。但是，在香港闡述的時候，聽眾下意識地就會用自己周圍發生的，來衡量這些觀察的可信性。他們會結合本校的情況，或者是在

朋友圈裏面的耳聞目見，來決定自己是否接受這些觀察。但是要說給國外的朋友聽，就需要有充分的證據，而且要從現象的根源說起，人家才容易接受，才容易明白為什麼這些事情會在香港發生。不然，就會覺得這些事情不太可能發生，單靠筆者平時的可信度，還是會有人覺得也許是過甚其詞，甚至認為是天外奇談，因為在他們的文化中，是不可思議的。

停課不停學，殊不簡單

要從根本說起。其中一位朋友提醒，「停課不停學」這個口號，在中國內地、香港、台灣，都不約而同成為疫情下教育的戰略性方向。筆者在本欄多次提過的，西方社會（尤其是英語社會）把學習損失作為疫情下教育慘狀的概括，深究下去，就是一個假設：停課＝停學。「課都停了，還怎樣學習？」雖然其他社會也會推動網課，但是一般的想法，網課不過是實體課堂的代用品，希望追回失去的課時。也就是把學習與上課等同了。於是，網課是不過把實體教學搬到網上。而實際上，大家都知道，網課是網課，實體課是實體課，前者不可能完全替代後者。因為這是完全不一樣的學習模式，用實體課的標準來估量網課的成效，注定不達標，就永遠是 loss。

也需要說明，網課的出現，不在於純粹的傳遞知識。有很多方面，是實體課無法達到的。首先是學生學習的主動性。我們一般認為，學生在實體課堂的表現，是實在的，因為是在教師的鼻子底下看得到的，因而他們的學習是有效的；而學生在網課的學習，是不可控的，因此其成效也是莫測的。實際上，這是認為可控＝有效。沒有教師控制下的學生學習，是怎樣的？在實施網課的時候，教師就很自然要考慮這個問題，也因此不知不覺的變成了學生學習的設計者。

因此，筆者所注意的，不是網課是否成功，而是網課出現以後學生學習新的形態。這種形態，遲早會出現，而且將會是學習方式一個重要的部分。這種道理，要說給外國的朋友聽，讓他們知道我們在疫情下的嘗試，遠遠超過對於學習損失補償。

另一個根本，就是香港人的「執生」精神。不認輸、不服氣，善於絕處重生、樂於逆流而上。這一點，也許就更難與外國朋友說清楚了。

（原載《信報》2022 年 07 月 15 日）

疫情下的特別暑假

　　2022 年 3 月，原來以為已經過去了的疫情，忽然兇猛地來了新的一波。香港學校提前放暑假，也有稱為預支暑假。騰出校舍，為醫療創造條件，算是一個妙招。一直放到復活節假期，然後八月裏延遲放第二個較短的暑假。學校如何面對着近乎突如其來的變化？根據朋友們的訊息，學校大約會有下列的挑戰。

　　一、安排學生的暑期作業。二、安排新的時間表。三、中學要面對 DSE 的準備。四、解決教師合約有關的變動調整。五、解決外籍教師的回鄉與去留問題。

　　這只是公立中小學普遍面臨的問題。六、幼稚園、私立學校與國際學校還面臨家長可能的退學。七、教師確診或者隔離非常普遍，學校人手短缺。八、去年以來，教師流動、離職或離港數量不少，教師隊伍的穩定成了一個潛在的憂慮。

　　這裏只是略為羅列出比較顯眼的問題，讀者也許還會舉出很多其他的挑戰。面對這種種，可以有很不一樣的取向。比如說，教師合約、外籍教師，一則一定可以有法例加以處理，二則要是校長腦子都被這些佔領了，就會忘記了自己的本份——對學生的責任。又比如說，DSE 的考試準備，我們沒有什麼可以改變的，就只有按條件做得最好。

　　這裏以暑期作業為例，探討一些學校教育核心的問題。一位負責行政的教師說：「我今天……心很累，不斷阻止老師瘋狂給假期作業，（他們說）不能像暑假那麼輕鬆。但是，哪一位身處大疫症下的人會輕鬆？」很自然，教師會想，很難得才恢復上課，現在忽然放假，學

生又會懶散了。另一位教師說得好，「這是耐力的考驗——每天確診人數上萬，學生能夠忍耐到留在家中幾十日，而沒受感染，已經很好。」

視無法在學校上課為虧損

這裏有幾個問題，值得細想。第一、學生的安全與健康，無論如何都要放在第一位；這的確是「戰時」狀態，不容有失。第二、「輕鬆」不是罪過。我們容易想得多的，是與學校課堂作比較，離開了就無法控制，於是希望用作業作為規管的代用品。第三、我們也容易想，沒有上課，學生就不會學習；就會「荒廢學業」，無法趕上進度。

這第三點，值得進一步解釋。現在歐美流行的「學習損失」，筆者在前文也提出這概念。意思是，無法在學校上課，就會少了原來要學的東西，所以虧損了；這是疫情停課對學生最大的損害。認真想一想，與其說這是疫情導致的挑戰，不如說是對教育概念的根本性挑戰。在一次國際會議上，一位 NGO 的代表就說，學習損失這個概念，是因為把傳統的，當成是金科玉律；是希望追回過時的東西。筆者非常同意，潛台詞是：疫情停課，可否產生另類的學習？

筆者也請教過教育界的朋友。為什麼學習損失這種概念，在香港並沒有成為主流的關注？為什麼「追回進度」沒有成為主要考慮？一位小學校長說，「首先，大家都在落後進度，『大圍事』沒有太大的擔心。」這話聽來消極，細想卻是智慧。尤其在小學，其實沒有絕對的進度標準，也沒有絕對的所謂落後。他又說，「但是我相信很多學校都還是按照原來的框架，把課程調整、精簡、取捨。因此不至於三年級要追回二年級的東西。」相信這也是在許多學校裏面發生的。這

個過程，不可小覷，說明我們原來的課程，完全可以加以裁剪，讓出許多空間。許多學校都有這樣的經驗，原來 35 至 40 分鐘的一堂課，網上可以 15 至 20 分鐘完成。

這也說明，香港是真正實現「停課不停學」的地方。不像歐美的許多社會，疫情停課，教師就覺得無計可施，「no class, no learning」，整個教學就真正停頓下來了。香港教師在疫情停課期間表現的熱忱、拚搏、創新、關愛，筆者敢說很少有社會能夠比擬。一位副校長說：「我請老師們三思，學習進度真的不要趕，等疫後身心都穩住了，再發力。」這種「發力」的背後，是教師的自信，也是對學生的信任。

這裏需要說明一下。有朋友說，現在有些學生，上課不肯露面，或者用眨眼的 GIF 照片冒充真人。意思是，網上學習其實沒有實效。筆者有兩方面的看法。第一，網上學習，是與課堂實體學習完全不一樣的事物。不可能馬上就成為全面成功的學習模式。學生的表現有參差，很正常。不必因為有失敗的案例，就認為全盤失敗；而是研究如何改進我們的設計。也不要因為成功的案例，就以為全面成功，反而要從中探索成功的原因，鞏固推廣。第二，要學生露面，有時候需要，有時候並不需要。有學校要求所有的網課，都要學生露面，還要每課點名。何必呢？說到底，這是我們想把實體課堂的所有規格，搬到網上，那是不切實際的。

推行網課　讓學生自主學習

這就牽涉一個深層一點的問題。網課，不在於科技，也不在於克服停課引起的困難。網課的基本，是讓學生學會自主學習，是把學生

的學習，還給學生。筆者並不認同有些說法，認為科技就是教育的未來；更不認同未來的科技可以取代教師。但是，由於科技的發展，學生的學習，將有相當一部分由他們自己來承擔。這不是一種理想，而是已經出現的現實。今天學生腦子裏的東西，有多少是在學校獲得的？有多少是他們自己在網上學到的？

假如我們不能讓他們學會自主學習，他們將無法應對未來的生活。學生未來面對的，將是多變莫測的社會。假如把他們關在我們傳統的學校和課堂，按照傳統，經過重重考試，獲得期望中的學歷，他們就能有美好的前途？筆者在這裏無意也無力改變目前遍布全球的、以考試和學歷為軸心的教育制度，更無法改變一千多年科舉流傳下來的應試文化。而正規的課程裏面，也有許多是人生的必須根基（例如語文、數學、外語），但也有許多是將來在社會裏、工作中才能學到的。筆者的說法是，把考試和學歷，看成不在話下，也就是英文所說的 necessary evil。但是同時想方設法讓學生也掌握並且享受自己做主的學習。

因此，前述的課程精簡、調整、取捨，不要小覷，說明在必須的正規學習之餘，還可以有很大的空間。其實，即使沒有疫情，為學生創造空間的例子為數不少。有校長說，「從某個角度看，疫情停課給了我們一個好機會，開闢學生學習的新天地。」

回到本文開頭，有了這個想法，就不會感到提前的暑假是一種干擾，也不會斤斤計較而陷進瑣碎的具體措施，而是想辦法繼續為學生塑造學習的新天地。筆者這兩年認識了不少有創意的學習設計，的確是出人意表。這許多例子裏面，必不可少的是學校對教師的信任和關懷。就在「疫情暑假」開始的當兒，有校長說：「防止對教師提出太多的要求，在這『疫情假期』，非常重要。」這個「暑假」，也應該是讓教師緩過氣來的好機會，也讓染疫或隔離的教師度過疫症的煎

熬。對教師、學生，包括校長，這個早來的暑假，也許不應該是一個忙碌的暑假。

筆者無意報喜不報憂。網上學習好像照妖鏡，找出了社會的嚴重不均。學生的個人資源、居住環境與家庭狀況，都讓這些弱勢學生蒙受不公。這需要社會的全面調度。

還有一點，在沒有實體群體生活的兩年，香港的學校，卻相當廣泛地引進了種種的情意學習。外國朋友百思不解。這當然無法替代實體的群體生活，但卻走在許多社會的前頭，開闢了學生學習的另一個天地，千萬要珍惜。

我請老師們三思，學習進度真的不要趕，等疫後身心都穩住了，再發力。我們不會知道學生家裏狀況有多難。

（原載《信報》2022 年 03 月 04 日）

不一樣的學習

　　前文提及在美國一個學術機構的顧問委員會，10 分鐘報告疫情下之香港教育。經過重新整理，這裏加上筆者的一些新體會。

　　和全球的教師一樣，疫情是突如其來的災難。而且沒有預計到一下就要停課。西方叫做「封校」（school crackdown）。唯一不一樣的是，香港在 2019 因為社會騷亂已經經歷過短暫的停課。「停課不停學」，那是香港教師不假思索的思路。在內地、在台灣，這也是理所當然的想法。這是華人社會的教育文化：學生的學習，比什麼都重要。這背後深厚的教育使命，並不是每一個文化都可以同樣理解的。

　　即使在華人社會，也不一樣。台灣，基本上沒有停課，有感染個案的班或者校，才需要短暫停課。內地，停課時間比較短，運用大系統的力量，基本上是盡量使教學進度少受影響。唯有香港，長時期的停課，教師從無奈、等待，直到等無可等，自謀出路，「執生」而創新。期間，不只是離開了科技商的支配，而且煥發出許多意想不到的創新。教師不只是成為了科技使用的主人，而且從「授課」的概念，轉化到「學習的設計者」。這也是香港教師專業精神的根本之處——學生為重。教師在短時間內完成這種轉變，殊不簡單。

　　停課，沒有了大家習慣了的課堂教學，開始的時候，大家都是自然而然地把實體課堂的過程，搬到網上。香港教師籠統稱為網課。逐漸發覺，要網課代替實體課，是不切實際的，因為那是完全不一樣的兩種學習模式。教師的講述、對學生的期望、學生學習的模式與心態、等等，都很不一樣。這時候，有了兩種不同的去向。

一種是盡量加進新的元素，讓學生的學習盡量接近課堂生活。例如向學生運送教材和作業，然後在網上講解；或者增加測驗的次數，讓學生的學習受控。另一種則相反，想盡辦法找出網上學習的特點，發掘學生主動學習的潛能，結果開闢了另外一番天地。這裏就後者試舉出幾個方面。

一、創造了不少網上才做得到的教學法。例如，不少小學，在網上開發了全班參與的新局面。原來是老師精疲力倦地批改作業，現在可以把學生作業全體放上網，學生互相評論；在這互評的過程中，學生也經歷着生動的學習過程。

積極進取，還是迫於無奈？

這是因為這些教師感到了網上發生的，是不一樣的學習生活。因此不斷探索網上學習的特點，因而開發出與實體教學不一樣的局面。假如沒有這種探索的念頭，就會覺得原來實體教學習慣了的活動，處處受限制，無可奈何。也有把授課「拍片」，放上網了事的極端例子。沒有探索，就不會有新天地。

二、通過網上活動引發了許多教學的新思維。例如，有學校在上網課的過程中，特別加重「信任學生」、「了解學生」、「學生參與」等等的元素。把本來是教學的基本原理，在網課中自覺地滲透；而且可以馬上看到學生的反應，馬上見效。

教師反映，有這些原理的引領，的確看到學生學習活潑的一面，在實體課堂是看不到的。假如仍然按照習以為常的教學法，就容易把學習的責任推到學生身上。例如，也有學校強調要學生露面，把露面

率作為評估指標之一；其實還是想保存實體課堂的習慣。也是放棄了探索另類學習模式的機會。

三、一些原來需要實體交往的學習，例如體育、音樂、美術、家政，也有不少教師的創新，在網上盡量完成有效的學習。他們還運用了不少網上公開的軟件或者平台，實際上也讓學生經歷了在網上自學，大大開闊了他們的學習天地。這是平時很少發生的。

相反，也有學校覺得不在操場，體育就無計可思；不在音樂室，就不可能學音樂；不在家政室，如何學烹飪？因此這些學習就陷於停頓。他們學生的損失，就不僅僅是教學進度的遲滯，而是失去了可探討實體以外豐富的學習資源。

嘗試網課，是否權宜之計？

四、由於上網課，給了學校重組時間表、班級結構、課程安排等的機會。本欄也介紹過，有小學每天早上是全級大課，然後是分班消化內容，下午是 5 至 6 人的小組輔導。效果非常好。這些亦大亦小的班級安排，在實體學校，需要學生移動，就比較難以安排。在網上則相當容易。

這些安排，絕對不是標奇立異的形式，而是希望最有效地安排學生的教學組織結構，效果也是非常明顯的。這是體驗了網上的靈活度。其實，即使學校完全復課，這類變動，還是值得嘗試的。

五、與學生的個別交往，反而可以更加密切。這是外地的朋友無法明白的。他們會覺得，沒有了面對面的實體交往，怎樣可以有個別的關懷？香港教師，以實際的經驗，說明雖然人際交往主要是面對面，

但是並不排除可以通過網上的交往，製造更多的機會與學生個別接觸。疫情停課，出現了不少校長、班主任與學生聊天，也有學校做網上家訪。這些，科技實在是幫了不少忙。很多教師反映，他們與學生的關係拉近了。

不理解網上交往的這些特點，就很容易覺得網上交往不正常，或者覺得很遙遠，不感到有什麼重要性。聽到許多故事，都是在網上，教師第一次接觸到學生的家庭狀況，第一次感受到學生努力背後的艱辛。假如把網課完全看成是實體教學的「低級版」，就不會理解教師和學生各自的這些收穫。

情意學習，豈是曇花一現？

六、情意學習遍地開花。這是外國的朋友最難理解的。一個例子：推行正向教育的北山堂，有一項統計，2021 年 11 月，57% 的小學和 22% 的中學，在學校計劃中，把正向學習列為「主要關注」項目；而在 2013 年，總共只有 1%。開始是學校關心被困在家裏的學生，但是逐漸卻變成是一種進取性的關懷。這裏的例子，不勝枚舉。不知不覺之中，形成了一種風氣，開闢了「學業」以外的新天地。

情意學習，並不一定完全在網上進行。許多學校和校外機構，就是充分利用了僅有的實體交往空間，在口罩與社交距離的限制之下，獲得了意想不到的效果。

不過，也有學校覺得情意方面的學習，可有可無；也有學校覺得疫情一旦過去，就應該叫停，等等。目前很多還是套用外來的模型，長期來說，也有需要結合香港實際，結合文化傳統，建設出適合香港自己的框架。這些都需要再進一步的探索。

七、與家長的關係進了一大步。在小學，許多家長都希望知道，網課之下，如何可以幫助子女學習。許多學校因此設了家長班，為家長作「培訓」、研討班；有網上，也有實體。學生的學習，成了教師與家長共同的努力目標，把教師與家長的關係拉近了。

不少教師不太喜歡自己的網課每一秒都有家長在旁「監視」，覺得「堂堂有人睇堂」（睇堂，上級或者同行的聽課、觀課）。但也有不少學校因此反而與家長建立了新型的關係，也使家長更加了解教師工作的複雜性和對學生的關心。在不少學校，因為疫情停課，教師與家長變成了幫助學生的同盟軍，徹底改變了學校與家長之間的張力。

當然，也有不少家庭，父母無暇照顧子女，或者以物質供應代替關懷，又或者家庭不和，學生沒有得到應有的家庭照顧；也有家長經常帶着非常負面情緒對待學校，並且在社交群組不斷互相激化。這些，都不是一下子可以迅速改變的。不過，疫情停課，起碼讓這些問題更加浮現，也是好事。

實體與網上的學習模式，兩者不能互相取代，必然會共存。疫情最終總會過去，疫情中的變動，是作為進入未來的嘗試，因而設計如何再進一步，還是作為是一場痛苦的經歷，因而希望盡早擺脫，是兩種完全不一樣的態度。

（原載《信報》2022 年 07 月 29 日）

「後疫」之香港教育

在香港疫情肆虐時，不少人卻開始有點習以為常。口罩照戴，但人們好像已經忘記了社交距離；照樣的吃外賣，但酒樓照樣滿座……不斷傳來學校的疫情，但是香港的學校生活沒有停頓。學生陸續放假（調整之後的暑假），教師卻要迅速準備開學。有機會訪問一些學校，總的印象，看不到學校有任何頹態，反而是精神抖擻，迎接新學年。但又大多數帶着謙虛的心情，帶着滿腦子的問題，探索前路。因此連接前文的討論，探討「後疫」的香港教育，作為香港故事的續篇。

近日影響筆者思路的有兩個方面。第一，最近接觸不少關於元宇宙的討論，往往不經意地把虛擬社會當成是社會的全部；實體社會彷彿是可有可無，甚至被完全忽略掉。但是真正的未來，必然是實體社會與虛擬社會共存。第二方面，香港學生人口下降，學校面臨合併或者關閉的可能性。如果把元宇宙的前景計算在內，再加上可見將來學校角色的轉變，對於如何面對學校過多的現象，也許會有一些新的想法。

疫情下的創新，勿輕言棄！

從疫情說起。香港的學校，當然不能說已經進入元宇宙，但是對於網上活動與實體活動的平行進行，香港的教師已經實踐了。疫情過後，不是清理「疫後」的災場，恢復疫前的「舊貌」，而是積極面對一個「後疫」時代的新常態。如此，則疫情下發生的一些前所未有的事情，有它們非常積極的意義，不要輕易丟棄。

這包括幾個方面：

一、珍惜和保存教師轉換了的「學習設計者」角色，而不再是純粹的傳授者。

二、盡量保存並擴大學生自主學習的積極性，盡量運用網上公開的學習資源。

三、盡量保持已經開發了的網上平台，開闢新的師生、生生、家校網上社群。

四、壓縮課堂授課時間，或者改變時間表的格局，增加線上線下的個別輔導。

五、開闢空間，甚至讓出大部分的下午，讓位於更多更高效的實體群體活動。

六、充分利用校園群體生活，深化已經開展的各類情意教育。

七、發展更多的社會合作項目，讓學生提前接觸和體驗社會實際。

在在都是實體與網上活動的混合。雖然 VR（虛擬實境）、AR（擴增實境）的成份還不算很多，但也許這就是元宇宙教育模式的雛形。成功的學校，教師、學生、家長都會感到新的學習模式的優點，但也更加珍惜實體的群體生活。而且從疫情停課之中，悟出校園生活的珍貴之處，從而煥發出新概念的校園生活。

綜觀上述，有幾個方面的設想：

第一、上面的描述，對於不少學校，已是現實，又或者一部分已是現實。科技還在急速發展，元宇宙的概念，也在不斷擴展。未來一定是實體社會與虛擬社會兩者的混合。香港的學校，對於這種混合，似乎沒有太大障礙，泰然過渡。希望這些學校，能夠珍惜這種從容進出虛擬社會的經驗，因為這將是未來的必然。目前只是網上的交往，各式各樣的 VR、AR、360 度的、互動的、「感同身受」的，必然會愈來愈多進入人類生活；也必然進入教育。如前文所述，香港教師在疫情中有不少突破性的創新，這些都是未來的前奏、千萬不要放棄，也不要以為只是疫情下的權宜之計。

網上實體交錯，正是未來！

第二、上面的描述，也許並不反映一些學校的現實。這些學校也有網課，但是很不順當如意；或者不感到有什麼可喜的成果，可以說是勉強而為之。那也不算意外；到底那是非常時期特殊的嘗試。也有極端的情形，教師熱烈，校長冷對；又或者相反。但是在逐漸走出疫情的時候，能看到未來的必然；即使沒有疫情，也逐步漸進地引入新的學習模式；不是取代實體課堂，但是研究如何增潤我們習慣了的學校生活。我們的學生將在未來的社會生活，不讓他們經歷新的常態生活，是剝奪了他們應得的權利。

第三、情意學習，是疫情下變得普遍的一種現象。情意教育，開始的時候也許看成純粹是疫情下的減壓措施。但是逐漸成為進取性的教育活動。這一方面是社會發展的需要——在社會碎片化的情形下，「人浮於事」變成常態，個人的素質是生存、保護、成功的主要元素。

但是，在元宇宙的社會形態下，在「去中心化」的趨勢下，社會將失去規管的權威，而個人的自信、自律、自為，將成為社會取得平衡的必要因素。否則，社會將會回到原始的森林狀態。因此，情意學習也是為了迎接未來，「裝備」學生的重要環節。

第四、以上種種，在幼稚園也許不完全一樣。幼兒的學習生活，難免以實體的群體活動為主。在實體與虛擬的交叉之中，也許會以實體生活佔最大部分，但是又不放棄對於科技的運用。更寶貴的是，疫情期間與家長建立的密切聯繫，不會因為疫情的減退而減退。然而，疫情提醒了我們，幼兒在情意方面的成長，也是教育的責任。

學校自我更新，難能可貴！

第五、疫情中出現的新教育形態，學校的角色將會很不一樣。就像朱永新在《未來學校》裏描述的，也是 OECD 在 *Back to the Future of Education: Four OECD Scenarios for Schooling* 所描繪的：學生的學習將不限於學校，社會上可以提供廣泛的資源、經歷和體驗；學校將轉變為學習的樞紐，作為學生學習的統籌者、方向盤、採購員。學校承擔的任務，將會比傳統燦爛得多；學校肩上的擔子，也因而會重得多。這種情形，正在不知不覺地進入香港的現實。香港教師晚上七、八點才回家的現象，其實是顯示他們已經超越了傳統的工作範圍，嚴重「超載」。本着對學生負責的專業心懷，他們已經悄悄地走向未來，而我們的學校規格，還不過是幾十年前規格的修訂版。

面對現實，整個學校管治的框架和思路，需要有很大的變更。經過疫情，學校普遍希望有較大的靈活度。比如說，一年的假期不可超過 90 天；何為假期？需要重新定義。課程的框架，規定每個學習領

域的課時；在網上與實體交錯的情況下，何為課時？也需要重新定義。學校的人員，如何才算充足？非教學人員，要配備多少？都需要重新考慮，等等。更大的問題：現在學校資源的撥給，所根據的公式，有沒有過時？那就牽涉到社會總體資源的調配。但是，未來已來！歷史的車輪，滾滾向前，容不得我們猶豫。如此下來，如何考慮學生人數下降？

也必須注意到，現在許多學校，已經擺脫了傳統的面貌，只要到學校看一眼，很多校舍的設計、各種特別室的配備、教師的心情與態度、學生的學習生活…… 都已經不太一樣。他們的嘗試與探索，走在制度的前頭，主動步向未來。這是絕對的好事，並不表示政府不努力；這些變化，也不可能來自政府的行政力量。學校有自發的自我更新能力，難能可貴；在其他社會，甚為少見。應該得到欣賞和保護。希望的是，政府能夠洞悉前程，放開思想，去掉瓶頸，讓學校有更多的空間往前奔！

（原載《信報》2022 年 08 月 05 日）

「儼然靜悄悄的教育改革！」

最近在不同場合介紹和分析香港教師在疫情中的種種創新，有本地的，有內地的，但更多是國際的，都引起了不少的興趣。這裏且把亞洲開發銀行於 2011 年 11 月發布的報告，濃縮介紹一下。

我於第二章的〈「執生」：香港教育最大優勢〉一文中曾引述聯合國兒童基金會 2021 年 9 月的公布，因為疫情停課，世界上的學生喪失了一萬八千多億小時。那是假設「不上課」＝「沒有學習」。的確，在很多社會，教師們束手無策。即使在富裕的社會如英、美，較貧困的地區，完全無法上課。沒有電腦、沒有網絡覆蓋；甚至因為無法上學而吃不上午飯。很多地方，網上教學，學生靠的是手機。

香港經歷了非常漫長的疫情停課，自 2020 年 1 月 25 日開始，幾乎三年，還沒有計算 2019 的短期停課。但是香港比較幸運。硬件——電腦與網絡，不是沒有問題，但是在政府與民間組織的努力之下，問題很快被縮到最小。基本上不成為一個重要的障礙。這讓學校和教師可以有比較平穩的基礎進行創新的活動。

教師的變化，莫要小覷！

香港教師在疫情下做了什麼？這裏嘗試歸納為以下幾個方面。

一、教師也是學習者，而且是迅速與高效的學習者。香港教師最初難免有點不知所措，但是在短短的幾個星期裏面，就掌握了基本的網課科技。校內的團結、校際的互助，是非常感人的場面。也為後來的種種創新鋪好了路。

二、教師成為科技的掌控者。在疫情以前，有報道香港大概只有15%的學校有電子學習的項目，而且往往是出於大型技術公司的推廣活動。現在，每到一所學校，他們會告訴你手頭有十幾個、幾十個經常用的平台與軟件。教師從大戶的對口客戶變成自為的採購者。

三、教師成為學生學習的設計者，這也許是不自覺地發生的。學生不在身邊，感覺不可控，不再可能講了就假設他們聽了，再假設聽了就是學了。在網上，就要設想，給學生設計一些什麼活動，他們才會真正地學？這個轉變，不可小覷。這是爭取學生自主學習的第一步。否則，我們根本不知道學生每個人是如何學習的。

四、教師是學習群體（learning community）的塑造者。教育的最佳環境，是學生形成一個學習群體。現在不少教師利用線上的方便，讓學生在網上互動，互相啟發、互相學習、互相評卷、互通情意……把實體課堂上傳統的「師生」互動，變成威力龐大的「生生」互動。也可以把習慣採用的「小組學習」常規化。

五、教師是學習時空的調度者。由於網上的方便，學生群體的大小，不受教室大小的限制；也不必照顧學生轉移地點的不便。大班、小班、合班、分組…… 可以調度自如。這就把原來實體教室的時空，一下子擴大和靈活了許多。打破了「一間教室，一班上課」本來不必要的規限。進一步發展，跨年齡的組合，也將變得容易。

六、教師開闢了個別關懷學生的新途徑。與一般猜想相反，線上上課，反而可以讓教師更加了解學生的個別情況。許多教師，在網上注意到個別學生的特殊情況，於是做個別交談。也有教師開始了網上家訪，恢復了久違了的教師工作，也親身認識了社會的貧富懸殊。也有很多教師，尤其是年輕的教師，與學生結成線上群組，成為學生的忘年朋友。

七、教師的共同目標更加明顯。網上的教學，其靈活性誘發了不斷的創新，也導致教師之間的連續密切合作。許多教師反映，疫情停課以來，校內氣氛更加融洽了。在不斷的共同努力開發新路的過程中，年長的與年輕的、上級與下級、資深的與新進的，界線趨向模糊。

八、教師成為家長的合作夥伴。網上學習，少不了家長的參與。不少學校開設了家長的研討、培訓、輔導，共同探討學生在家學習的特點、重點、難點。形成了新的家校合作氛圍。也讓家長從對立、監察、抱怨，轉而成為學生學習的教師夥伴。這在以前是不容易做到的。

學校的變化，指向未來！

也有一些方面，並不與科技有直接關係，但卻在疫情停課期間發生了：

九、學校是學生體驗學習的橋樑。香港的特色之一，是社會上不少機構與組織，與學校合作，提供在社會上的體驗學習。這些學習，為學生提供了另類的學習經歷，打開了他們的眼界，弱化了成績的無形枷鎖。雖然疫情不退，間或嚴峻，有報道去年一年間，全港應用學習（體驗學習）的規模，增長了 4.5 倍。這都是在戴着口罩的情形下發生的。外地的朋友無法理解。

十、學校是學生服務社區的中心。很多學校，很自覺地把服務社區作為學生的學習活動。其中為長者服務最為普遍。在疫情期間，反而不斷增長。訪問過一所學校，把學校周圍 1.5 公里的地方，作為學校的學習園地。當地的水、空氣、長者、商業、娛樂……都是學習和服務的對象，包含科學、經濟、語文……等的實踐和學習。這樣的學校，自覺自動地，把自己看成是本區的一個綜合性中心。

十一、學校不斷出現學生自發自理的項目，甚至課程。普遍的是在校內飼養動物、培育植物、建立生態圈。也有學生自己設計的失明人項目、校內商店、校內茶座，更不用說各式各樣的自製樂器、社區美化、長者用具、地區媒體……等等。看到的時候不禁驚嘆，回顧數一數，不無震撼。

十二、學校成為情意學習的園地。香港學校的情意學習，門類繁多，無法勝數。在疫情中，開始也許是關心學生長期宅家而憂鬱，但是逐漸成為學校的風氣，大部分學校都有某種程度的情意方面的學習。一些有長遠歷史的教會學校，在傳統的德育之上，也會加上新的情意元素。情意學習在全球興起，但是如此大面積地覆蓋幾乎所有學校，甚為少有。

如此變化，如何發生？

以上的羅列，在國際朋友中引起不少興趣。筆者自忖沒有誇張，也沒有誇大。但也引來一些很有意思的疑問：

之一，「這些都是在疫情中出現的，疫情過後會不會又消亡？」這也是筆者目前最關心的。也希望校長們和老師們也認真地想一想。疫情總會過去，是否就回到疫情以前？筆者上面的羅列，不在乎香港自誇，而在於讓我們看到在疫情中艱苦得來的收穫，需要非常珍惜，絕對不要輕易放棄。提防放棄的方法之一，是乘勝追擊，繼續發展。千萬不要輕信「疫情已過，不要再搞了！」之類的胡言。

之二，「這實際上是一場靜悄悄的教育改革！但既非自上而下，又非自下而上。這是怎樣發生的？也許是一種未來的改革形態。」這問題很有深度。的確，這場疫情，改變了教育界很多固有的信念、思

路和方法；出現了一些疫前無法想像的新局面。堪稱一場深刻的教育改革。但是種種變化，沒有預設的目標，也沒有具體的規劃。自然而然地，在「校本發展」的框架之內，遍地開花；但又自然而然地，彷彿有默契地，滙聚到一個總體的方向。這是什麼模式？還需推敲。

以上這些變化，其實都是擁抱未來的必須。筆者在報告的概括是：

初心：學生的前途攸關，不能再關在學歷的牢籠。

遠景：分數是短暫的，教育影響以後幾十年。

思維：辦同一件事，有許多新的辦法。

心態：社會變了，要離開舒適圈。

方法：逐步嘗試，探索前進。

關鍵：把學習還給學生

（原載《信報》2022 年 11 月 11 日）

演變中的 SEN 教育

上文提到疫情底下香港學校發生的一些變化。其實，許多變化，一直已經在慢慢發生，只是疫情把變化加速了，也迅速擴散了。這些變化，有些是很根本的，反映了香港社會文化。

現在訪問學校，往往會問：學生裏面有多少 SEN？

SEN，也就是特殊教育需要，簡單來說，一般人稱為傷殘。SEN 有很多種類，也有很多不同的程度。傷殘不是一個很好的詞兒。從某一個角度看，假如說是傷殘代表人身的缺陷，我們幾乎每個人都有。且不說學生中幾乎屬於大多數的近視、散光，其他每個人的五官、四肢、內臟、腦部，總難免有這樣那樣的缺陷，只是程度不同而已。SEN 在教育制度裏面處於什麼境況，往往是一個教育制度成熟程度的標尺。

在傳統的華人社會，對於有缺陷的人，往往從社會實用的角度，認為他們不能擔任常人可以做的工作。比如說失明的，往往只能做街頭賣唱、按摩。有時候是讓他們進「福利工廠」，暗示不是為了生產，而是給失明人謀生的福利。

失明人士，可以有光明前途！

在亞洲來說，SEN 在香港起步算是比較早。2022 年 9 月上演的音樂劇《伴我同行》，就是描寫失明人的先行者程文輝，1960 年代在香港政府擔任職位，專門致力失明人教育的發展。在劇中也可以看到，程氏的父母比較開明，祖母卻不以為然。經過種種掙扎，在深明事理

的保姆（和姐）支持下，終於在美國完成學業，回到香港從事失明人教育事業的開荒。

　　這裏面包含着深刻的文化轉變。程文輝通過自己的親身努力，明白失明並不妨礙智力發展，失明人不止可以過正常人的生活，還可以創出一番事業。但是起點就是教育。若是教育拋棄了他們，他們就永遠只能在社會的邊緣度過一生，因為他們拿不到進入社會的入場券，也得不到社會的承認和支持。但是香港的 SEN 教育卻告訴我們，失明的孩子完全可以有光明的前途。

　　香港很出名的，是莊陳有。當過樂施會總幹事，而且在他任內業績彪炳。後來他在大學參加學生事務。當時大學還有一位失明的物理教授馮漢源，是研究半導體的出色學者（他在牛津念書時，專門為他設計儀器）。一直以來，大學裏面不斷有失明的學生，很多都是獨來獨往，行動與常人無異。大家也習慣了。大學的圖書館，也有為失明人士專設的設施。大學是社會的前奏，這為社會的共融，鋪下了非常重要的基礎。

融合教育，社會共融的前奏！

　　筆者對失明人的教育，有特殊的感情。1970 至 80 年代在聖保羅書院（男校）任職，就教過中二與中三的失明學生。那是畢生難忘的經歷。每班有 3 至 5 名失明學生，都住在心光盲人院。心光為他們準備好凸字課本。上課的時候，教師要注意盡量加口述。測驗，預先把題目交給心光，譯成凸字，回來在堂上打開，用凸字答卷，回去再譯成文字。也許因為視覺的缺陷，他們的聽覺非常靈敏，領悟能力也特別高；往往在同班「開眼」同學之上。更令筆者感受很深的，是他們

與其他同學打成一片，毫無界限。其他同學一方面對他們的日常出入關懷備至，另一方面又沒有把他們當成是另類，更絕對沒有歧視的心態。

這種情形，不只是一所學校。就教育來說，不只是讓失明人盡早融入正常的學校生活，也令到全班同學，以至全校同學，可以與有缺陷的同年人一起生活，在不知不覺中，了解了他們的生活模式與心理狀態，接受另類的同學。他們將來在社會上對待有缺陷的人，不會感到陌生，不會歧視，也會與他們交朋友。這就爲他們未來進入社會，靜悄悄地打下了共融的深刻基礎。

以上只是關於失明的 SEN。其他如失聰、自閉、閱讀困難，還有不同程度的智力遲緩。筆者就熟悉一位失聰的學生，經過學校和當年教育署的悉心照顧，加上他自己的努力，現在是一位有不少成功作品的室內設計師。這樣的例子，絕非個別。有時候想：假如你是這位人士的家長，一定會覺得，是教育，給了他前途。

今天，學校普遍都會接受有缺陷的學生，SEN 幾乎遍及所有學校。這些有缺陷的學生，假如純粹是感官、肢體、行動有缺陷，事實證明學術上都可以很出色。學校都覺得接納有缺陷的學生，天經地義；不少學校在介紹的時候，還帶着自豪的語氣。這在香港學校，已經是一種逐漸形成的文化。香港的大學，也有錄取 SEN 學生的優良傳統，也在他們當中出了不少傑出人物，足以自豪。

這種文化，當年是由西方傳過來的。程文輝就是一個例子。沒有她的留學所得，香港的失明人就不會有他們的今天。這種文化，包含對 SEN 學生投入更多的資源，因爲假如對每一名學生的資源投入都一視同仁，很多 SEN 學生就根本無法進入學校教育的起點，或者進了學校也無法應付學校的要求。前述的心光機構的協助，需要大量的

資源。但是看到那些學生的健康成長、事業有成，大家又都會高興。假如是舊的想法，教育是爲了培養精英，不是說「得天下之英才而作育之」嗎？也可以有從社會勞動力觀點出發的經濟話語：「社會需要的是稱職的勞動力，SEN 人士只不過是被照顧的一群」。

這是「個人爲社會」還是「社會爲個人」的文化差異。也是教育制度之間的差異。筆者早年留意文化，其中一個啟示就是東亞「筷子文化」的教育制度，一直到初中，都是單一的課程，指望學生按照制度的要求過其學習生活，是學生去適應制度。在英語國家，以美國爲典型，一到初中就多元化，按照學生的特點塑造課程，可以是籃球、廚藝、美容……，是制度去適應學生。美國教育心理學家 Harold Stevenson 與 James Stigler 於 1992 年 的 暢 銷 書 *The Learning Gap: Why Our Schools are Failing and what We Can Learn from Japanese and Chinese Education*，也有類似的觀察：在中國和日本，學生學業成績不佳，家長會怪自己的孩子；在美國，家長會怪學校和教師。

西方優點，樂於借鑑但勿跟風！

香港的特點，既吸收了西方的優點，但又不失本地文化的傳統。西方的有些措施，極端地照顧個人，比如說，以一對一的辦法幫助 SEN 孩子，於是很容易地引起孩子過分依賴，而忽略了自己的努力，到頭來難以自立。在香港，似乎沒有走到這樣的極端，而是融合了集體的關注與個人的努力。也許是中庸之道吧！上述失明與失聰人士，都是經歷了這樣的過程。香港這種文化，也表現在社會上浮現的聘用有缺陷人士的社會企業；每到聘用有缺陷人士的社會企業，就會肅然起敬，也會爲香港而感到自豪。

不過，西方的理論、政策與措施，是會經常變化的。假如沒有自己的理念，純粹「跟風」，也許會把自己弄得方向不明，甚至誤入歧途。這裏舉兩個例子。

1980 年代開始，西方特殊教育提倡「融合教育」（mainstreaming），意思是讓 SEN 的孩子，在普通學校受教育，盡早融入社會主流。這本來是一個不錯的方向。但是在西方，融合教育迅速擴展，其中一個原因是節省教育開支。於是紛紛撤銷 SEN 的特殊撥款，取消特殊學校。但是 SEN 學生融入了普通學校，那裏的的教師並不一定有足夠的準備面對 SEN 學生。香港也講究融合教育，但是在這個過程中，也失去了許多特殊學校，裏面積蓄了許多特殊的知識與智慧；這些智慧也就隨着消失。

最近 20 年左右，對失聰的兒童，西方流行抵制唇讀、獨倡手語的一項運動。這項運動，強調手語是「少數群組」的「母語」潛台詞；而是失聰人士雖經努力而達到的不準確發聲，置他們於被歧視地位。一時間，很多社會都停止失聰兒童的發聲鍛煉，而全部只用手語。於是，失聰人士潛在的語言能力，就全部被埋沒了。純粹的跟風，有時候會引起長期的損失。內地則有提倡失聰人士的雙語教育，即既學手語，也學發聲語言。這也許是另一種中庸之道。

特殊教育的發展，不止是對教育理念的挑戰，也是對教育資源策略的挑戰，更是對社會文化理念的根本性挑戰。

（原載《信報》2022 年 11 月 18 日）

語言景觀：何去何從？

前文提到香港學校較早接受有缺陷學生，從意識上也接受有缺陷人士融入社會。這是一種值得珍惜的社會文化，是許多人經年努力的結果。目前還會遇到很多挑戰，尤其是由於融合教育，特殊教育的專門機構逐漸減少，特殊需要的教育投入不夠，那也許都是需要解決的。關鍵是對於有特殊需要的學生的態度，明確他們需要的特殊資源。

共融的另一面，是非華裔學生。到訪每一所學校，另一個必問的問題：有多少非華裔學生。現在香港的中小學，非華裔的學生愈來顯眼，幾乎每一所學校都有一定比例。這在三、四十年前，是不會看到的。

他們之中，以南亞裔為多；在本地學校裏，又以巴基斯坦裔的為多。不少是香港的長期居民，甚至在香港出生，因此能說一口流利的廣東話。他們最大的困難，往往是學中文字——讀與寫。對於中文並非母語的學生，學中國文字，殊不簡單。一、他們家庭裏面沒有中文文字的環境。二、中文認字與寫字，都比他們文化裏的拼音文字要困難。三、中文的書面語與口語不一樣，白話文與粵語更是不一樣。四、中文文章裏面很多詞兒、成語，不是光認字就能看懂的。

這種種的困難，都在逐漸被克服；也有南亞裔的學生，在 DSE 中文科取得佳績。筆者的同事，就有非華語學生學習中文的研究團隊，在校內推廣各種方案。在社會上，也逐漸在各個行業看到南亞裔的人員冒頭。有本地畢業的南亞裔博士生，在大學任教。見到過不止一位南亞裔的中醫師，研讀中醫古籍而畢業、執業（有點不可思議）。在公立醫院有本地畢業的南亞裔護士，還負有行政職務。進入本地大學的南亞裔學生，愈來愈多；不少還在就學期間，進入社區為非華裔市

民服務。非華裔而進入紀律部隊的，更是常見。其他創業的、進入社會企業的，也是愈來愈多。

族裔融合，香港之福！

這裏提出以上這些，教育的貢獻不小。我們可以看到校內不同種族的學生，基本相處融洽。這對於來自不同族裔的學生，都是一種重要而又難得的學習。有些學校，還聘了伊斯蘭信仰的教師。既可以兼顧他們的母語（例如烏都語），也可以照顧他們的文化習俗（如齋戒月）。在學校習慣了與不同族裔、不同文化、不同信仰的學生相處，在社會上就不會對其他族裔的人士感到陌生，樂於交往交朋友，更不會歧視。這與前文談到的對有缺陷人士的友好，是一樣的。

不過，仍然有非華裔香港市民，因為中文能力，甚至因為不能剃鬚（宗教原因）而不獲聘請。族裔共融，還有很長的一條路。

值得一提的是：香港人對宗教的開放文化。也見過天主教的學校，接受了大比例的回教學生，靈活處理早禱念經的環節。港大的佛學碩士班，就有不少基督教、天主教的神職人員，前來探索。筆者在佛教的慈山寺，就遇過到訪的天主教修女，幾位都是熟悉的校長。佛教的法師（包括筆者的學生），不少還是基督教學校的高材生。

人類歷史上的戰爭殺戮，往往都是由信仰的相異引起。直到今天，人類在這方面的智慧彷彿沒有多少進步（不敢說退步）。在許多地方，宗教往往是社會分裂的導火線。香港對宗教的開放文化，必須非常珍惜。

其實，學校中的非華裔學生，已經不止於南亞裔，更不止於來自巴基斯坦家庭的學生。最近參加一項研究，才知道回歸以後，來了許多其他國家的學生。他們的父母，不一定再試跨國公司派出的高級人員，而逐漸增加了不少個體戶的家長。他們來自許多國家，由於嚮往在中國的發展機會，先來香港作為中途站，進入大灣區。他們抱着長期居留的前瞻，因此把孩子送進本地普通的學校，希望孩子學中文……這種情形，也許不在政府政策的雷達熒幕上，但卻是不可忽視的一種發展。

但是疫情之下，新來港的外國移民幾乎絕跡。國際學校的外國學生都人數劇降。外籍教師大量流失──或則回國，或者不願來港。外國學生和外國教師的流失，是一個莫大的損失。對香港的國際化，尤其損傷慘重。

語言景觀，任其凋零？

上面的流失，是疫情所致。良好的願望，是疫情過後，人們又會樂於來到香港。但是這方面，不是坐着等待，就會來到的。我們可以做些什麼？

這又聯繫到一個更加重要的問題──語言。筆者一貫反對把學生身上發生的一切事情，不由分說地把責任推給教師。因為學生受到的種種方面，正在塑造着他們的社會觀、世界觀，教師只是一個部分，而且並不一定是最關鍵的部分。尤其是電子虛擬社會對青少年的影響，非同小可。

但是論到語言，學校教育責無旁貸。雖然說現在還有不少號稱EMI（English Medium Instruction，英語作為教學語言）的學校；校

園生活使用英語的，已經剩下極少數。在大多數學校，英語變成了上英文課才用的語言，學生沒有了學習英語的語境。也許有朋友會覺得這是大勢所趨，甚至有些極端的言論，質問：「回歸了，為什麼還用英語上課？」而且當時針對的是大學。嗚呼哀哉！把教育體系裏的英語元素一掃而光，香港就不再是香港，那將是非常徹底的「攬炒」。

　　但是不說學校，社會上的英語因素，也靜悄悄地減到最少。請大家在港鐵站留意一下，細數一下，所有的廣告，有多少英文？許多廣告，完全沒有英文。有些是非常醒目的中文，但要英文是小字躲在一旁。不懂中文的外國人，完全變成文盲，只能從畫面猜想其內容。甚至外語電影廣告，連片名有時候也縮到一個小地方，要細看才能找到。外國人看得懂的報紙、聽得到的電台、看得到的電視，少得可憐。這是國際城市的架勢嗎？怪不得外國朋友，來來去去，接受到的只有西方媒體的訊息。不要說「講香港故事」，連香港的日常聲音都甚少聽到。一個城市，講究語言景觀（language landscape），國際城市，更加是一個關鍵的方面。香港何時起步？

中文學習，難道成災？

　　不止如此，即使是中文，也是遍布粵語、粵字。港鐵扶梯上，標語是「企定定」——外來的遊客，即使是華人，懂嗎？他們要不要安全？政府的宣傳，更是如此：「借錢梗要還，咪畀錢中介」，人家懂嗎？我們在意通關，有沒有注意文字？

　　回到教育。北歐許多國家，都有令人羨慕的語言能力。學生除了本國語言，常常可以精通英、法、德等歐洲語言。雖說都是歐洲語言，但仍然往往屬於不同語系，需要花力氣才能學會。他們的有效措施之

一，是外語的電視節目，只加字幕，不作配音；理由就是讓孩子們從小就聽到外語，作為學習外語的有效方法。這完全符合學習科學，首先是語音的沉浸。現在香港的電視台，連普通話的內地或者台灣節目，既是有了字幕，還要配上廣東話；有點莫名其妙。實際上是靜悄悄地剝奪了人們聽到和學習華人社會的通用語言。太殘忍了！

香港有些著名的國際學校，問問家長，最欣賞的竟然是中文學得好。有這樣的國際學校，小學完成語文的基礎，中學進入中國文學的學習；中學生可以作古詩古詞。國際學校為什麼反而做得到？有學者認為普教中不符合學生的語言發展，現在許多普教中的學校，可以拿出證據，讓學者們重新思考。說到中文，校長學校和家長普遍的抱怨，是可供課外閱讀的中文書寥寥可數，加上中文的初階認字比英文難，引致學生傾向於多讀英文，少讀中文。逐漸成災。

語言是文化的核心元素。香港作為中國國土上最國際化的城市，語言的發展，可以興邦，可以喪邦！

（原載《信報》2022 年 11 月 25 日）

第四章：

學習新貌

不一樣的體驗學習

學習科學的根本，是人的活動決定人腦的發展，產生人的知識。因此，人的經歷，是學習的根本。筆者近日的所見所聞，說明香港的學校，已經展開了新的一個學習光譜。這是一個體驗學習的光譜，可以有三條線索。一、從學校的課內活動，伸展到校園的課外活動。二、從「實習」、「見習」的概念，進展到廣義的「工作體驗」、「創業」。三、從學校主動，到校外機構發起，到個人或者小組探索。下面是一些例子。

第一、一場音樂會。最近聽了一所學校的音樂會，那是不同節目的三天之一。不無震撼。就音樂本身，其技術水平與藝術造詣，起碼與專業樂團、合唱團不相伯仲。事後了解，這所學校，中小學加起來，有七個樂團、八個合唱團。其餘還有許許多多小型的合奏組織。最引來震撼的，是一個由七人組成的弦樂四重奏，和一個木管五重奏，難度都非常高。每一位成員，都是出色的演奏家；其融入、表情、默契，揮灑自如；根本想像不到這是學生。即使是大型的樂團演奏，也是如此。

課外活動，難得的體驗

須知，這些都是在疫情之下，停課的夾縫裏面排練出來的。而這所學校，在體育與學業方面，也毫不遜色。筆者不禁想，這樣的經歷，必定影響學生的終生。他們也許不一定把音樂作為自己的事業，但是音樂鍛煉和演出，帶來的是綜合了技術、藝術、合作、情感、協調等等複雜的經歷。而這裏面的體驗，是正規的課程裏面難以找到的。課外活動，是一種難以取代的體驗學習。

第二、一所中學，四年前瀕臨關閉，學生很少。近年因為管理層的變動，徹底去除了頹勢，教師和學生，面貌一新。校內的建設，莫不為學生的未來做準備，但又不一定是為了特定的就業目標。走進這所學校，就覺得彷彿進入了一個現代化的博物館，生活在校園，本身就是一種體驗。正在建設一個樂齡科技實驗室，校長覺得，老年長者將會愈來愈多；學會為長者服務，學生一定終生受用。將會邀請社區的長者參加，既是服務對象，也是學生的老師。寓學習於服務，「服務學習」，已經在許多學校出現；或則為長者院舍服務，或者為本區弱勢社群服務，甚或到國外為貧苦族群服務。到許多學校，都會展示這些活動而自豪。而且，疫情之下，沒有停頓。

　　第三、一個機構，專門為 15 歲「學業不逮」的少年，在校外組織、商店、部門做短期的工作。開始的時候，人數不多，提供機會的校外機構也不多。經過幾年的努力，現在每年吸收了四百多名學生，而且吸引了 350 個商戶與機構，志願為這些學生提供工作體驗。開始的時候，項目的目的，是為學生提供就業的知識與機會；實施下來，這些經歷雖然有時候會有利於就業，但主要並非為了熟悉行業與職業，而是在工作過程中，獲得了學校考試測驗以外的經歷。例如基本的衣着、禮貌、守時……也學會負起責任、與人合作、不恥下問……而且也感受到成年人對他們的關心、耐性、期望。也從而煥發出自己在學業以外的潛力，增加了自己在人生路上的自信心。幾乎每一名少年，都有類似的收穫。值得注意的是，提供這些經歷的機構和商戶，都非常高興有這樣的機會貢獻給下一代。社會的這種潛力，非常了不起；不是用利潤、回報、聲譽可以解釋的。

　　第四、一個機構，專門為 15 至 25 歲的少年，提供社會創業的培訓經歷。他們幫助這些少年，設計及構思項目，教寫建議書，申請基金。短短 2 年內，已經成功獲社創基金資助開展 50 多個項目，都是

既有創業的經歷，也有為社會弱勢謀福利的目標。這個機構，就是拓寬了就業的意識，而讓青少年嘗試創業；既然是創立社企，就不止需要有盈利，而且所得可以用於社會。這就不只是一個不容易的過程，要經歷許多挫折與失敗，而且摸索和樹立為社會服務的志向。這個機構所做的，正在靜悄悄地形成一種社會運動，他們是進入主流的商業化社會，但卻創造出主流市場以外的存在方式，而且服務於弱勢社群，照他們自己的說法，這是「還原人的基本價值」。這是一種高端的體驗，與耿耿於懷於一份好職業，形成了強烈的對比。

實際工作，重要的體驗

第五、一所中學，介紹給筆者的時候，是「他們不考 DSE ！」原來他們全校都是 SEN，即有特殊需要的學生，但都不是表面看得出來的，行動也沒有主要障礙。但是一開口就知道他們遇到的困難。有言語的、情緒的、閱讀的、自閉的……學校努力為他們進入社會作準備，瞄準資歷架構（QF）第二級。一方面是為他們提供各類可能就業的技能，例如裝修，有 20 多位教師專門去接受裝修培訓，然後用他們特有的、對學生的了解和耐性，轉授給學生。另一方面，由於他們的特殊情況，沒有與人相處的經驗，往往上班不久就不被僱主接受，因此在校內設下模擬工作環境，例如小餐廳，讓學生在模擬的環境下，熟悉工作程序，也增加心理準備。沒有這種體驗，這類學生就永遠關在學業成績的牢籠裏，永遠沒有成功的經歷。到這學校參觀，不只是為學生的努力而高興，也會為教師的熱忱所感動。與中國傳統的教育心態相反，學生的每一分進步與成功，都會為教師帶來欣喜和鼓舞。這不應該是教師的專業良心嗎？

第六、有一群學生，大多數是香港國際學校的學生，高中時自動組織起來，希望為弱勢的學生創造良好的就業前景。他們有些正在進入大學，仍然念念不忘這份使命，還不斷到各處虛心請教。筆者為之動容。他們的使命，實質是什麼？最終目的是什麼？當中有哪些里程碑？開始從何入手？他們都在探索。他們逐漸悟出，體驗是認識問題的關鍵，他們的發起人，還特意在美國休學一年（gap year），回港在一家美式快餐店打工。他們探索的問題，許多成年人以為自己早有答案。其實，這正是年輕人值得我們成年人追趕的一面。後生可畏！

職業培訓，如何看體驗？

第七、職業訓練局（VTC）是香港引為自豪的機構之一。四、五十年前，VTC 就是以迅速配合勞力市場而在國際上頗負盛名。VTC 的工作，幾乎可以涵蓋所有與職業有關的培訓。香港與其他資本主義社會一樣，目前面臨「有人冇工做，有工冇人做」的奇異景象。新聞報道，僱主都在增加培訓機會，作為吸引人們入職的方法之一。另一方面，僱主又普遍希望 VTC 提供更多的電子技術培訓。在西方，普遍地也有一種趨勢，認為提供職業培訓，是增強經濟的有效手段；即使在職業教育不太受重視的美國，最近也興起振興職業教育的呼聲。但是職業教育的性質，更加需要有更多體驗學習的成份；學生如此，教師恐怕也是如此。而這種體驗，是由培訓機構提供？還是由僱主提供？是一個需要有新答案的老問題。在新常態之下，善於自我更新的 VTC，相信會逐漸創出新型的職業教育模式。不過常態還在不斷改變，需要有耐性，急不來！

本文旨在說明，體驗學習已經逐漸在擴大它的「領地」。傳統的「正規教育」與「非正規教育」的劃分，已經不頂用，因為兩者基本

上都是課堂傳授。筆者目前的認識，廣義的教育，體驗學習將會逐漸佔一個重要的地位，尤其是社會體驗。這也是人類回歸到學習本質的方向。如此，則學業成績驕人的學生，也許更需要多一點社會體驗。

（原載《信報》2022 年 08 月 12 日）

學習：一個光譜、一個過程

上文談到目前各式各類的體驗學習。也許馬上會引起家長的興趣。有家長會覺得，幸虧我給孩子安排了這許多的經歷，在學校以外讓他們上音樂、舞蹈、美術、功夫、跆拳道、田徑、現在還加上電腦、編程……有家長也許會緊張起來，這麼多活動，不會影響他們的學業嗎？活動的時間，不是搶去了「正經」學習的時間嗎？甚至可能有校長，心裏也許在嘀咕：「活動太多，影響考試成績，影響升學……」教師一般不會反對，但是每一種學生的體驗經歷，都很容易會增加教師的工作量；也不能無止境地擴充。

其實，世紀初香港的教育改革，最重要的主旨，是回歸學習，把學生的學習放到教育舞台的中心，反璞歸真。當時是覺得，學生所學的東西，太狹窄了。中四以後，理科就是理化生，文科就是史地經。中六以後，就更窄了，只是專攻大學入學需要的那兩三科。其實，大學的學習，也不再是以往狹窄的知識，而往往是多學科、跨學科、超學科；也不再是純粹從課堂上、書本裏獲得知識。

因此，除了改變學制，公開考評三變一，一則沒有了預科的概念，二則壓縮了正規課程，開闢出通識學習、應用學習與其他學習經歷三個新的學習領域。大學的三改四，也都是把增加的一年，不作專業的深化，而是作為拓寬和增潤學習經歷的機會。從學生的角度看，大學更是課程之外增廣見聞、充實自己、探索前路的絕佳機會。聽學生說，現在宿舍裏「潛」的學生愈來愈少；「潛」者，只顧功課，不涉其他活動也！

經過了 20 多年，教育需要進一步向前走，筆者也對於當年改革的初衷，有了新的認識。過去的 20 多年，世界也在不斷變化。有些社會變化，現在可以看得更清晰；有些，則當時還沒有出現。

學校課程 太窄太滿

其一，當年是覺得學生學得太窄，現在看來，表面上太窄，其實是把學生驅趕到一條窄小的梯子，要他們沿着這條分數和學歷的梯子，不斷往上爬，不作他想。在傳統的工業社會，這條梯子，是連接就業梯子的；美好的前途，就在考試分數裏面，是現代版的「書中自有黃金屋」。現在社會碎片化、短暫化，若學生仍然只知道沿着這條梯子往上爬，其實是誤導了他們，給了他們一個虛假的未來前景。因此要擴寬學生的學習經歷。這意義，就不只是課程寬窄的問題。

學生的學習經歷，應該可以有什麼？

一個維度是內容：閱讀與學習、表達與溝通、知識與技能、分析與綜合、探究與質疑、創作與欣賞、體育與藝術……以上屬於人生必備的學養；與人為善、群體合作、家國情懷、全球視野、自省自理、跨越文化、靈活應變……以上是待人接物的素質。

第二個維度是方向：敢於創新、勇於承擔、不避風險、擁抱挑戰、堅持原則、正向樂觀……以上是人生態度；關愛捨予、公義和平、求同存異、平等公正、熱愛自然、珍惜生命……以上可以說是人的基本價值觀。

第三個維度是途徑：聽講、閱讀、實踐、體驗、模仿、實驗、嘗試、質疑、探索、訪問、旅遊……

上面的種種，還有許多缺漏，教師和家長一定還可以加上許多。這許許多多，如何塞進學生有限的時間？更不用說擠進學校的時間表。一定不是靠「塞」與「擠」。

一、學習的途徑，與內容很有關係。沒有科學實驗，就很難掌握理化生的原理。沒有課外活動，就很難養成群體生活的要素。沒有在社會上體驗過工作的現實，就無法知道現實世界是如何運作的。不接觸大自然，就無法想像大自然的偉大與美妙。而價值觀的養成，則有賴於家庭的氛圍、教師的榜樣、學校的文化、同輩的好惡。現在，又加上了社交平台的沉浸。這些途徑，都是設計學生學習時需要覆蓋的。

設計學習 學生為主

二、人類學習，有舉一反三的能力。掌握了一門樂器，就打開了音樂的大門；從來不需要學生掌握所有的樂器。參加一項課外活動，就會體會到如何過群體生活，也是學生在家庭以外人際交往的第一站。學生在社會某個工作崗位上體驗，他們體會到的收穫，往往終生受用。因此，我們都希望學生有多方面的學習經歷，但不是數量和種類的堆砌。很多學習不發生在學校裏面，但是如何挑選、統籌與設計，卻是學校不可推卻的責任。我們說，學校將逐漸成為一個學習的中心（learning hub），就是這個意思。

三、最重要是，學習發生在學生腦子裏。學生主動學習，是一切學習的根本。學生的學習能力，往往超過我們的想像。學生可以學很多東西，但是學校學傳統的活動，往往充塞了他們的時間和空間。這又回到上次教育改革所關注的，不光是學生學得太窄，而且是把他們塞得太滿。人腦的胃口可以很大，接受的話，可以學很多很多；但是人腦又容易漲滯，不接受的話，就是學不進。

四、學習是一個過程，而不一定有固定的學習目標。我們要是問：「Have you learnt？」其實可以有兩種意思。一種是「學會了嗎？」一種是「學過了嗎？」分辨這兩者，在學校而言，尤其重要。

學校學習 重在過程

學開車，要考牌。那就是考驗「學會了嗎？」不然不能上街。但是，什麼叫「學會」，如何才能上街，標準各地各異。筆者30年前在美國Cambridge學開車，準備筆試要背108條交通規則，試題10條，5條答對合格，算是「學會」了交通規則？路試，一個右轉彎、一個左轉彎，一個掉頭，然後在一個Stop牌之前，考官提醒要停。四個動作，也就到駕駛執照了。公路過線，學過，沒有考。泊車，完全沒有學過。其他是在實踐中「學會」的。聽起來有點好笑，但是現在想起來，師傅給我的16個小時，其實是給了我一個學習過程。拿到執照，只是另一個階段學習的開始。

在學校裏面，學生的學習，是為了達到目標（「學會了」），還是為了經歷過程（「學過了」）？值得我們深思。數學四則，加減乘除，給100道題，學生全做對了。我們就說他們「學會了！」假如學生只對了60題，可以是合格。但是在實際生活中，可以允許有40%的誤差嗎？這合格的學生，算不算學會了？不過我們還是相信，他們在生活中不會出大亂子。為什麼？因為我們知道，計算的學習，將在學生的生活中繼續，以至熟練。

四則運算，拿一百分，就算學會了？我的數學同學都說，運算不是學習數學的唯一目的。對於數字與形狀的認識，是人類生存的基本素養。

寫文章，更玄了：學生寫文章得了 80 分，非常高興，他學到了什麼？知道嗎？其實，學寫文章，只是一個過程，是一個不斷寫、不斷改進的學習過程，沒有盡頭。教師的批改，只是輔助；關鍵是學生要寫得多。他們學了，但是也許永遠不會有「學會了」的一天。現在有教師讓學生在網上互評，學生就得到實質性的學習動力。其他自然科學和社會科學的知識，學習也是沒有盡頭的；只不過我們習慣於用考試分數作為學習的終結，合格了，就覺得是「學會了」。筆者以前在中學教物理，拿 100 分的學生，能說他就「學會了」物理？笑話！

　　上述各種學習的內容、方向、途徑，其實都沒有盡頭。這裏無意否定課程的分階段循序漸進。很多學習的過程，需要設計；沒有上一個階段的學習，就難以進入下一個階段的學習。但這其實不是「學會了」才進入下一個階段，恰恰就是經歷了一個過程，才可以進入下一個過程。就像運動員循序漸進的訓練。

　　為什麼要強調這一點？因為學生在校的日子，是「學會學習」的過程。他們得到的滿足，不應該是分數，而是經歷了學習，而且是各式各樣的經歷。這樣，他們就比較有信心進入社會，準備接受更嚴峻的學習挑戰。這不是我們教育的根本目的嗎？

（原載《信報》2022 年 08 月 19 日）

迎接未來的教育：目的與目標

上文談到學校學習是一個過程，不一定有固定的目標。馬上有朋友表示異議：那學校的教育就沒有目標了？這個問題可以分為三個子問題。

問題一：學校教育的目的是什麼？是為學生準備未來的人生。他們面對的未來，肯定與現在不一樣，更加會與我們熟悉的過去不一樣。這也是筆者不斷探索社會變化的原因。社會從來就在變化，但是我們面臨的變化，不是我們習慣了的速度與幅度，而是根本性的變化。其天翻地覆的程度，不亞於 18 世紀末由於蒸汽機的發明，出現大規模生產工業社會的變化，是整個社會結構性的變化；而其變化速度，則是人類社會從未遇到過的。以前也許三、五十年才會有明顯的變化，現在是 3 年、5 年就已經變得不再認得。

說實在的，在變化緩慢的年代裏，學校一般不太需要考慮教育目的。不是沒有目的，而是不言而喻。1870 年英國《初等教育法》實施出現現代學校體系，在制度裏把學生分類分等，以配合全社會的勞動力需求。一直以來，追求「學歷」（涵蓋考試、分數、文憑、升學）已經成為學校教育的常態。學歷的背後，是經濟發展的需要，那才是現代教育的真正目的。不是說教師都帶着擇優、淘汰的心態，把學生當成是產品。但是關心學生在競爭中的優劣成敗，已經不知不覺地佔領了教育的文化。而這種競爭，又局限於學校必須順從的課程。說是文化，是因為人們已經把這看成是理所當然，不會去質疑。

但是社會變了。我們需要關注的，是社會變化對教育的挑戰。由於社會的變化，變得變幻（volatility）、莫測（uncertainty）、多元（complexity）、混沌（ambiguity），即所謂的 VUCA，「學歷」已

經不足以讓學生度過未來的一生。一直以來的教育文化，已經抵擋不住洶湧而來的社會變化；而社會還在變，無法預見未來還會如何變幻。我們對學校教育的期望，也要變；也就是說要重新樹立教育的目的——新時代新的目的。

社會劇變，教育目的必須變！

教育的目的的變化，說起來，其實大家都不難明白。但是筆者逐漸發覺，教育的目的，離開教育的實際運作，太遙遠了。因為教育的日常運作，不受最終目的影響。學校裏面的運作，直接受影響的是課程的規定，與升讀大學的要求。這些，也影響着教師的理解、家長的期望、辦學團體的要求。即使是在經濟發展與社會變動前線的商界，雖然非常明瞭社會的變化，但是一旦思考教育，就回到工業時代的思維，仍然是「讀好書、做好功課、考好試」，難免仍然用他們自己念書時代的思維，去考慮子女的教育。

學校教育的目的，既然對大多數人來說，是遙不可及的事情，人們的關注，就不太可能超越現存的制度。因為沒有另類思維的空間，也沒有另類的可行模式可以依循。要教師和家長超越課程和升學的規範去思考孩子的教育，是不切實際的；只有極少數的家長和學校才能做到（例如「在家學習」的一群）。

因此，不思改變，或沒有準備根本改變，就毫不出奇。但是如此下去，則只有把工業社會留存下來的教育理念和體系，長期保留和僵化。也許直至教育和社會產生不可協調的衝突。社會的變化，是不受人的意志影響的，衝突的結果，必然是不合時宜的教育被人們拋棄。最近一些發達的國家，出現不尋常的大學生退學，已是端倪。最近一些關於未來學校的討論，就是一種警鐘，而不是美麗的憧憬。

問題二：學校教育要不要有目標？答案是肯定的。學校教育是人生一個重要階段，當然要有目標。前面說，教育的目的，遙遠而難以「落地」，看到而難有作為。是否教育就無法改變？筆者認為，要全面地改革教育的體系，牽涉到千絲萬縷的因素，將會是一個非常漫長的過程。不像一個企業，可以在短期之內轉型。筆者也沒有這個能力為教育體系的未來算命。

體系不變，學校目標可以變！

但是，即使是在大體系沒有改變的情況下，還是可以有局部的改變，迎接未來，即使是一步半步，也是進步。這種局部的改變，不在於整個學校制度，也難以靠政府政策，而在於每所學校的目標。目的是遠景，「可望」未必「可即」；目標則是可以達到的結果，可望可即。下面就從易到難，嘗試列出一些看來可行的目標。

一、讓學生成為主動的學習者。這也符合教學的基本原理──讓學生覺得有意義、有興趣。也可以增加學生的選擇，選擇也是一種動力的來源。不過，讓學生成為主動的學習者，也有兩種目標。一種是希望他們學知識學得成功，獲得好成績；另一種是希望他們學會主動學習。後者是一種通用能力，可以舉一反三，終身受用。這兩種目標，可以同時達到；但是要達到第二種目標，教學的設計會很不一樣。

二、讓學生有多元的另類學習。「另類」，是指正規課程以外的學習經歷。這方面，包括種類繁多的課外活動，香港學校不會缺乏。近年開始蓬勃的校外體驗或服務活動，更是一種可喜的現象。要面向未來，課外活動的目標，應該超越贏得獎項，反而是鍛煉學生的韌性、合作、互助⋯⋯等等。體驗學習，也應該超越職業導向的「實習」、

「見習」，而把目標放在體驗真實的社會。服務學習，不只是一種慈善活動，而是學會眼睛向下，目標是感同身受，學會與弱勢社群共呼吸。

三、讓學生有自主的空間。這一點比較不容易做。不論是學校還是家長，相當一大部分，還是不斷地把學生的時間塞滿。要解決這一點，不是靠減少數量，而是切切實實讓學生擁有自己的時間。自主的時間他們怎樣用，不是一個主要的關注點。關鍵是要讓他們有空間「做回自己」，有機會（哪怕是一點點）想一想自己想做什麼？會做什麼？極端來說，若是一開始孩子就無所事事，純粹打機，那不就應該是他學習支配自己時間的起點嗎？比較容易一點是，是讓學生掌握自己的時間，例如定一個時間表。反正目標在於他們學習支配自己的生活，而不是由不斷的「學業」支配自己。

信任學生，把學習還給學生

四、讓學生學會關注自己的情意。現在不少學校開始關注學生的情意學習。起點往往是讓學生了解自己的情緒。這也是一個學習的過程，讓他們了解自己。目標不在於要學生有完全正面的情意，而是作為起點，讓他們學會掌握自己的情緒、態度、情感，體驗反省的過程。這是社會碎片化、個人化的時代，學生的重要學習。

可以看出，上面所述，背後都有一條信念：把學習還給學生。這就需要信任學生。芬蘭朋友說，他們的教育目標之一：學生畢業的時候，會覺得自己更加渴望學習。令人耳目一新，也發人深省：學生畢業的時候，不是目標的終結，而是經歷了充實的學習過程，因而有了更遠更大的學習目標。

問題三：回到眼前的關注：分數算不算一個目標？分數當然是一個目標。這是時代轉折之中無法也毋須改變的目標。但是，上面的探討，說明分數不應該成為教育唯一的目標。否則，我們就是誤導了學生，讓他們以為成績好，就是一切。就教師和家長來說，也許需要切實脫離非此即彼的「零和」思維，以為顧了分數，就顧不上其他學習。新社會，不再允許我們有「零和」思維，而應該有「廣納」的心態。筆者的勸喻：取得好的分數，是「不在話下」的目標。人的生活中，往往有許多「不在話下」非做不可的事，但卻不一定是最重要的事。

（原載《信報》2022 年 08 月 26 日）

環境營造・設計思維

　　有機會看到 Place Maker 在香港學校的成果。Place Maker，香港的中文譯作環境營造，意思是把原來的空間變得更有趣、更有意義，的確是有營造環境的意思。這次遇到的，是香港賽馬會「幸福校園計劃」的一部分。筆者本來也驚嘆這些學校頗有新意的學校環境，但卻不知道營造過程的精采之處。

　　這個項目的成果，是在校園裏面，設計和營造出一片實用而又美觀舒適的空間。這過程裏面，由學生和教師、校長一起從零開始，思考、討論、探索各種方案，然後對一片空間加以改造、創新，終於營造出一些別開生面的新型空間，大都令人耳目一新。

　　學生是整個設計過程的主體。中學生、小學生，都是從零開始，從無到有，從想像中的需要出發，允許自己的夢幻帶領自己的思路，從天馬行空，逐漸成形，成為一個實實在在的設計。然後加進專業的設計人員，把學生腦海中的想像，變成可行的方案，付諸實施。筆者在一個有關的研討會上，提出 5 點觀察，在這裏與讀者分享。

　　第一，這是學生難得的學習經歷。我們學生的生活，習慣地被正規的學業塞滿。作業、測驗、考試，已經幾乎佔據了他們所有的時間；又或者稍有空餘就給家長安排的種種校外訓練擠滿了。這個環境營造的過程，給了他們一種全新的學習經歷，打開了一片新天地。對大多數學生來說，這是他們從未經歷過的一種學習。不要小覷很可能只是一小片空間，但是為他們打開的思想天地，卻是無限的大。而這大片的思想天地，對他們的未來是何等重要！

第二，這個計劃貫徹始終的是「設計思維」。筆者概括的理解，設計思維是一個全過程的思維。也就是從釐清需要、假想目標、多方探索、選定方案、不懼失敗、勇敢嘗試、享受成果、然後不斷追求進一步的完美。有些營造的起點，是實際的需要；通過環境的改造，把原來毫不起眼的地方，滿足了大家一直以來的需要。有些的起點，純粹是學生的夢想，海闊天空，但是經過設計，卻就在原來的校園裏，實現了這些夢想。有些看來是不可能的夢幻，但是經過推敲、嘗試，最後真的實現了。從需要、夢想、幻想開始，一步步通過自己的努力，竟然可以變成現實。這是多麼美妙的事？

設計思維：難得的全過程學習

這是一種與我們熟悉的課內活動完全不一樣的過程。低頭想一想：我們的傳統課程，可有類似的學習過程？筆者以前在中學教物理，也盡量努力把物理的原理拉到學生的生活現實，但都不是學生實際的需要，更幾乎沒有夢想和幻想的空間。然後就是大量的計算，最終目標是考試取得高分。小學也是如此，西方有些地方，小學一年級就學分數概念，也就是一塊薄餅如何切塊；但是華人社會，非到三年級不學分數，原因是因為要學分數艱難的加減通分母，也是把計算看成了學習分數的目標。小學語文作文，既不是為了表達，也不是為了發表，目的往往是交給教師，爭取高分。這種種，都是把一個學習的全過程，劈成一小塊，掛在分數上面。學生既沒有餘地去思考有什麼需要，也更沒有空間去夢想，更談不上實現夢想。

這是筆者對設計思維的概念認識。除了這裏談到的環境營造，許多香港學校在進行的體驗學習、社區服務、長者關愛⋯⋯其實都是全過程的學習。我們的正課學習，有沒有辦法也加進一點設計思

維？大學來說，設計思維已經是學習科技的基本形態。美國的 Olen College，墨西哥的 Tec de Monterrey，都是名列前茅的改革型大學，從入學甄選、校內學習、考試測評，都是要求學生參加實際生活中的工程項目。中小學又如何？疫情之下，香港也出現了一點契機：有小學的中、英文作文，全部放上網；學生有了「發表」的目的，又有了互相評論學習的機會，再也不是為了教師給的分數！有些學校嘗試讓學生寫小說，那就更加是一個全過程的學習，學生就非要有設計思維不可。

夢想成真：難以替代的幸福感

第三、環境營造的過程，也是集體創作的過程。這裏，學生的集體創作，不在話下；往往是學生的七嘴八舌開始的。這完全符合學習科學的啟示：群體的學習，是人類最有效的學習。這裏就不再是大家已經熟悉的小組活動，而是教師、校長，有時候甚至家長都參與的活動。教師的身份不一樣了：他們既不是知識的傳授者，也不完全是我們最近常說的學生學習的設計者；他們是學生設計的同行者，也是設計成果的共享者，更是不斷改進的促進者。教師都很享受，他們與學生的關係變了。校長也變了，也變成了環境營造的「同謀」。

很重要的是，這樣營造出來的環境，是全校師生共同擁有的，是大家共同努力的成果。那種擁有感、自豪感、幸福感，是難有其他過程可以替代的。

這種情形，在疫情之下，其實也出現在不少學校。例如小學的「童創商店」，由小學生自己領導一家有 10 個管理部門的校內商店，在校內以虛擬貨幣交易。也有中學生進入社區，發掘出本區傷健人士的

需要，因此設計幫助他們的方案；並且建立媒體，替傷健人士發聲。類似的例子不勝枚舉，設計思維已經成為許多學校課餘學習的基本模式。也是由學生主導的學習模式。這也是另外一種靜悄悄出現的教育新常態。

第四，看到這種種例子，不僅想：空間是如何出現的？表面上，空間是一塊地方，把一塊平平無奇的地方，變得多姿多采，甚至變成夢幻世界。可見，空間是人創造出來的。但又要問：哪裏來的時間，去營造這樣的空間？教師和學生，都不會製造時間。當他們的時間被日常的活動擠滿了，就不會有時間。君不見許多香港的教師，晚上啃個麵包當晚餐，八、九點才回家？答案只能是：關鍵是思想上創出空間。在思想上畫出一個以前沒有的空間，給予思考、探索、夢想的天地，學生就會去佔領，就會去發揮，而不需要教師一步步領着走。思想上有了這個空間，有了這個引人的天地，就覺得值得花時間。時間花下去，就愈發覺得有收穫，就愈發覺得要鑽進去，直到得到結果。思想上有了空間，時間就不在話下，空間就會起變化。別開生面的環境，就是如此營造出來的。

空間何來：開闢思想的新天地

沒有嘗試過的，會覺得不保險，怕影響了正規的學業。事實上，還沒有聽說過因為環境營造而令到學業成績下降的。相反，改變了的環境，而且是自己親手營造的環境，只有讓大家感到校園的幸福與可愛。這是幾乎所有參加環境營造計劃的師生共識。

第五、「幸福校園計劃」第一批 15 所學校，大都工程落成。最後的階段，得到許多民間機構和團體的支持。不講不知道，原來還有

這麼多熱心的設計家。沒有他們，所有的環境營造方案都只能是空中樓閣。這些設計師們，不只是把夢想變成現實，而且經過他們的妙手，可以把夢幻變得更加夢幻。他們注入的創新元素，讓校園內經過加工的地方，煥然一新，讓傳統的校園黯然失色。

教育，本來就是全社會的事。近年來，香港社會表現了很難得的一個方面，不少民間機構和團體都與學校結伴，為學生提供另類學習經歷。環境營造這個計劃，又創造了民間參與教育的又一個方面。

筆者到過的學校，許多校園都有嶄新的一面。他們沒有參與這項計劃，但背後一定也有不少動人的故事！

（原載《信報》2023 年 01 月 20 日）

情意學習：時代需要

連續數個會，都是談論科學發展與人文素養。其中在田家炳基金 40 周年的活動上，九位大學管理層，就被問及類似的問題。嶺南大學一個國際研討會，也是這個主題。接受了伊朗一所大學的對談訪問邀請，題目是「Digital Humanities」，也是這個主題。

了解之下，原來這是中東地區一個熱門話題。人們認為，科技發展，將會產生「數字文明」，成為傳統文明大敵，甚至會消滅傳統文明。而且，據負責聯絡的朋友說，還有人認為這來自西方。伊朗是一個科技頗為發達的國度，也是傳統文化非常堅實的社會（雖然最近女子頭巾引起的種種，外人不容易接受），有這種思想的流傳，也是把科技與文明對立起來了。科技與文明，教育如何自處？

中國教育三十人論壇 2022 年 12 月的年會，主題是情感教育。筆者有一個簡短的發言：情意學習之時代需要。概括了近年興起情意教育的背後動因。則主要聚焦基礎教育。

筆者的觀察：學習是人的天性，教育卻不是；教育是人類為人類設計的學習系統。什麼意思呢？教育帶有時代的經濟、社會、文化、政治、信仰的烙印。

工業時代：教育的經濟話語

筆者於第一章〈教育新生態〉中提及曾到訪美國麻省 Sturbridge 村莊，當地過着 1836 年的生活，開始有了第一所學校，就是為了孩

子要到波士頓打工。當時的學校是為了打工，而教育的基本內容就是讀、寫、算。

1870 年英國的《初等教育條例》，它是政府介入並建立全社會性的學校教育制度的全球第一次。當時英國商人認為，非如此難以維持大英帝國的優勢。可見當時，發展全社會的學校教育，是一種經濟話語。這也是工業社會成熟期的產品。

現代的教育體系，都是工業社會的產物，全世界的國家幾乎無一幸免。工業社會教育基本功能是篩選、擇優、淘汰、分等、分類；以配合社會勞動力的需求；但也是知識與技能的分類分等。不含我們說的「情意」元素。

1960 年代二戰以後，歐洲與非洲經濟復原的差異，引發了人力資源理論的出現；也為發展中國家的教育發展提出了新的動力：教育興，則經濟興。要計算教育的投資回報，預測人力需求。全世界的政府和國際機構。因此大力推廣教育，作為社會投資。是更徹底的經濟話語。目標是把孩子送入學校，接受正規課程，但是絕少提到「情意」元素。

國際覺醒：學會共處與自處

進入 1990 年代，國際社會開始有了覺醒。1992 年有了 UNSECO（聯合國教科文組織）的學習四支柱——學會學習、學會實踐、學會共存、學會生存。2002 年也有了 OECD 的三大能力範疇——對人、對己、對事（簡稱 DeSeCo）。這裏面超越了很多知識與技能，進入了情意的範疇。

美國在 20 世紀末，就提出了 21 世紀技能（skills），到現在國內外還有很多人在不假思索地引用。美國說的關鍵技能仍然是讀、寫、算。雖然加了一些如溝通、創新、學習、明辨等能力，但仍然看成是知識與能力，而且是有關工作上的表現。

東亞這邊有了反應。新加坡認為，教育主要是要培養人；圍繞着國家提出的核心價值——尊重、負責、堅韌、誠信、關愛、和諧；提出要培養四種人—— 自信的個人、自覺的學習者、主動的貢獻者、有心的公民。新加坡最後提出種種能力（competencies），與美國的 21 世紀技能差不多（詳見第一章的〈形態•常態•生態〉）。但是整個框架的目標和出發點都很不一樣。

中國 2016 年出台了《中國學生發展核心素養》，在知識能力與情意之間，取得了很好的平衡。不約而同，台灣在同一年提出了「素養」這個詞，筆者參加過他們的討論，他們認為教育應該講究人的內涵，不能只講工作中的表現。香港的政府與民間團體，當時也提出了相近的概念，兼顧學識、修養與價值觀。

為什麼會出現這種種需要呢？因為世界變了，社會變了！產品特殊化，機構碎片化，工作個人化。消費形態變了，生產形態變了。大量生產不再是主流，因此金字塔形的組織，慢慢在消退。職業形態也變了；僱傭關係也變了；僱員對機構和僱主的關係，漸趨短暫而淡薄。面對決策、設計方案、創新應變、承擔風險、應對挑戰，都發生了在前線的個人身上。以往，這些都是管理層身上的事。更不要說轉工轉行頻繁，個人前路變幻、莫測、複雜、混沌，亦即是我上文提過的VUCA 時代。

以前是一條直路，拿到教育學歷，掌握了知識與技能，前途就一帆風順。現在像攀石一樣，每一步都需要思考下一步。對個人的要求

也不一樣，除了充實自己，對人要學會共處，對己要學會自處。這就是為什麼我們不得不為下一代作情意方面的準備。

疫情之下，情意學習遍蓋香港中小學。很多外國朋友不明白，你們沒有上課了，為什麼還有情意學習？但是真正出現了，而且門類繁多。一些例子：有小學生每課前作 5 分鐘的靜觀冥想；有使用情緒卡，讓小學生認識自己的情緒……不少學校發起與社區長者與傷健人士打成一片，周圍的社區，既是學生學習的資源，也是學生的服務對象。香港很多機構、社會團體、民間組織，都在提供條件，幫助學生作情意學習。

香港經驗：學校教育新維度

情意教育對香港的啟示，有以下幾點。

第一，學習模式不一樣了，主要是體驗學習和服務學習，講究的是感同身受。

第二，超越了學校的範圍，進入了社會現實；也因此有很多社會力量的參與，廣結同盟，全民動手。

第三，重在經歷，需要不斷嘗試，不怕失敗，允許失敗。情意學習往往是一個過程，傳統的測評，急於見到即時的學習成果，就不合適。

第四，目前，香港的情意學習，理論與框架都是外來的，需要認真地消化。外來理論門類清晰，容易實施；但是深層的內涵往往不太明顯，需要深入研究，否則難以持久。

第五，香港人熟悉的文化傳統五育「德智體群美」，裏面的「德育」與「群育」，其實都是情意的範疇。怎樣傳承呢？如何讓傳統的概念與時並進？這都很需要我們去解決。

香港學校恢復全日活動在即。以上謹獻給教師們和校長們：請不要以為情意學習只是一個項目，又或者是一門課程，而是我們教育的一個重要維度。不少學校有非常深刻的傳統，不容輕易放棄；有些學校在疫情中引進了新的情意因素，值得珍惜；有些老師正在探索新的路向，非常珍貴……社會變了！疫情讓社會變得更快，也讓我們提前看到未來的端倪。我們再也不可能回到疫情以前的一切！

（原載《信報》2023 年 01 月 13 日）

第五章：

生涯規劃

木匠？園丁？牧羊人？

前文談到職業與事業之間的分別，跟着下來可以探討「生涯規劃」，這是筆者耿耿於懷的存疑。主要是四個角度。未來的社會，一定愈來愈碎片化、莫測、不穩定，個人面臨的工作性質、機構、形式也是充滿不確定性，要學生在青少年時期就確定和瞄準固定的職業或者事業方向，是給了他們一個不真實的未來，也是做了不切實際的願景與「規劃」。規劃的原意，首先是確定固定的目標，從時間、資源、條件、環境種種方面，設計好前路，務求達到原定的目標。面對愈來愈複雜而難以預測的未來，這種思想範式就難以奏效。此其一。

要為未來做準備，就要準備面對許多無法預期的變化與挑戰，也就是要具備應變的能力，不避險阻的心態，百折不撓的毅力。要立志，也許就是培養和鍛煉這樣的心志。這又包括：

（一）「執生」。不刻意準備進入任何固定的職業，而是作了最大的彈性準備，有信心隨便到了什麼崗位，都可以大展拳腳。

（二）「心儀」。追尋一時心儀某種行業（如建築、法律、醫護）或者事業（例如國際救援、宗教傳播、扶貧助弱），但又準備不斷會有變異。

（三）「追夢」。從小養成的「志趣」例如音樂、美術、體育，一心追夢，但又要準備面對曲折的道路；甚至必要時改變初衷。

關鍵是不要讓學生在職業前途上兜圈子，而是不管目前有什麼心理準備，都能面對多元莫測的前途。核心是希望他們懂得在變幻之中，過有意義的一生。此其二。

4. Fan, P.H.C. (1983) The management of careers education programmes : challenges for school administrators in times of economic and social changes. HKU MEd dissertation.

更大的考慮，學生在求學時期，他們對社會的認識，還在不斷增長。他們對各種行業和事業的觀感，也許還處於不斷觀察的階段。這些認識和觀察，隨時還會變。再加上社會、行業、事業本身，也處於急劇的變化，很難要求學生對未來的社會、行業、事業，有成熟的結論。

擇業導向：個人志趣還是社會回報

而現在很多的職業指導，需要通過種種量化的、質性的工具，認識自己的「特徵」，從而配對探索自己未來的職業前途。這裏面含有兩個假定。

一是假定每個個人都有一些先天素質，而這些素質是決定性的、不會改變的。因此要根據這些素質去探索自己的前途。筆者認為，這個假定難以作為教育的根據。環觀周圍的人，在一生中，興趣、性格、態度發生巨大變化的，大有人在。

二是假定個人是決定前途的中心，認為世界上總有符合自己特點的行業或者事業。香港職業輔導的前輩范浩泉（目前在加拿大），也是筆者碩士班同學，他的論文（1983，港大）就是比較兩種擇業取向[4]——以個人志趣為導向，還是以社會回報為導向。他的觀察，西方社會大都以個人志趣為導向，而華人社會則以社會回報（包括收入、名譽、地位）為導向。他移居渥太華後，在美國哥倫比亞大學完成了博士論文（1991），更以大量數據，發現了東京、上海、香港三地的擇業導向，雖然各有特點，但是不離上述與西方的差別[5]。

這又可以歸納到傳統心理學認定的「內在驅動」與「外在驅動」的差別，而不知不覺地以「內在驅動」為框架。1996 年，筆者在港

5. Fan, Peter Ho-chuen (1991) Transition processes from school to work: A comparative analysis in three East Asian cities--Shanghai, Tokyo and Hong Kong. Columbia University ProQuest Dissertations Publishing.

大的前任 John Biggs 和同事 David Watkins，出版了一連串的文章，推翻了「只有內在動機才會有深度學習」的傳統信條，發現在華人社會，除了學習者自己的動機與動力之外，外在的因素（也就是傳統的外在動機），也會產生積極的影響。反正近年西方提倡的擇業靈活性（flexibility）、適應性（adaptabilty），認為是現代就業能力（employabilty）的關鍵。就在不覺察之中，也有點離開了「個人志趣」的導向。此其三。

工作前途：可望可即還是靈活應變

上述范浩泉的博士論文，也把擇業的導向，聯繫到教育的目的。他的敍述：東京、上海、香港的學生，因此以考試、成績、升學作為勤奮努力的動力。因此，重視教育、等級觀念、競爭心態、幾方面混合在一起，對學生產生了巨大的壓力。這也符合國際上學生成就比較 PISA 的發現：東亞這些社會，知識學習很有成就，為全球之冠，但是學生不愉快、對學習興趣不大、考試憂慮很高，等等。

筆者在前文提過，工業社會的「職業前途」（career path），是一種「可望可即」的觀念──明確的目標，清晰的步級，拾級而上，參與競爭，步步高升，就能達到目標。很多人就是這樣走過來的，形成了一種社會文化。但是這種「可望可即」的觀念，並不由「生涯」的開始。

在工業社會，教育的形態也是「可望可即」，學校體系安排了清晰的上升途徑，只需用心參與競爭，就能取勝，達到目標。筆者曾經多次解讀這是古代科舉考試的延續，不過剛好也配合了工業社會勞動力分類分等的需要。成績、學歷、升學，形成了一條堅實的「前途鏈」，牢不可破。

但是到了目前愈來愈清晰的「後工業社會」，當「可望可即」的前途逐漸消亡：「望」──目標已經難以預見；「即」──更沒有保證達到目標的途徑。我們若仍然告訴我們的學生：「為自己鋪好路，努力一直走下去，就能達到你的夢想！」真的是如此嗎？真的為學生指出了光明大道？若非如此，我們豈非誤導了他們，雖則我們無意欺騙他們。此其四。

學生前途：豁達心態 還是計算前路

教育的社會文化， 就是如此。幼稚園，學生家長的期望，往往聚焦在升上心儀的小學。至於在幼稚園學了什麼？是否達到幼兒入學的目的？甚少有人過問。然後升中學、升大學，大概都是如此。

最近有機會接觸一所頗有歷史的學校，老師非常關心學生，溢於言表。老師介紹：自從成為直資學校以後，家長的成份有了改變；經濟比較寬裕的，或者是知識分子家庭的學生多了。一個明顯的變化，學生對家長的依賴重了。家長很着意為學生安排前程，什麼時候轉到外國，打算升什麼大學，學生都覺得有父母的安排，不是學生自己需要考慮的。因此，要對學生進行有關前途的教育，有點困難。

最近又有朋友傳來一份材料，把家長對兒女的態度，簡單分為「木匠」與「園丁」。比木匠更貼切的比喻是「雕塑家」，要親身動手塑造兒女的前途；園丁則是提供土壤、水份、養料，讓兒女健康成長。這是不錯的比喻，遠勝筆者常常勸告家長的 Let go ！（放手！）因為有正面的行動形態可循。按此比喻，木匠與園丁之間，還可以有「工程師」，設計好了生產程序，機器系統就會製出目標產品。不過，園丁仍然是目標的制定者，「種瓜得瓜，種豆得豆」，還是園丁決定的

目標；園丁手下的植物，有生長的自由，卻沒有長出什麼的自由。也可以是建築師，只負責繪製藍圖，兒女要如何走，無法控制。有一次在蒙古，他們說，「我們是遊牧民族，把羊群放到最肥沃的草場，就是我們的責任」，羊隻的肥與瘦，那要看他們自己的努力。家長也可以當牧羊人。木匠─工程師─園丁─建築師─牧羊人─放手，親愛的家長，在這個光譜裏面，你願意扮演哪種角色？這些，對教師來說，不也是很好的參考嗎？

有朋友又問，學生在求學階段，不考慮未來的前途，有什麼不好？筆者為之語塞。教師、學校、教育要為學生的前途着想，那是使命與責任。的確，是否需要學生天天去考慮自己的前途？他們就不可以自由自在地享受這寶貴的青春歲月？

但是，學生又非常需要了解社會的發展，他們需要探索社會的未來。這也是一個重要的學習過程。他們心中有了社會的大圖像（big picture），豁達地洞悉未來，也許就不愁不知道將來如何自處。相反，要他們天天糾纏於自己個人的志趣，營營役役於為自己打算，看不到大環境，他們的「生涯規劃」又會有多少現實價值？

（原載《信報》2022 年 02 月 11 日）

怎樣的童年？

　　上文關於生涯規劃的探討，最後兩段既引起了朋友的關注，也引起了筆者有進一步闡釋的衝動。下面是關鍵的幾句話：

　　「有朋友問，學生在求學階段，不考慮未來的前途，有什麼不好？筆者為之語塞。的確，是否需要學生天天去考慮自己的前途？他們就不可以自由自在地享受這寶貴的青春歲月？」

　　本文先探討「自由自在」。朋友問：那是否就應該放任自流？又或者任由學生選擇喜歡什麼就學什麼？要是他們選擇什麼都不學，可以嗎？又或者他們的選擇，讓他們連基本的知識都沒有，可以嗎？

　　簡單的答案是「不可以！」前文說的「自由自在」，是借用牧羊的比喻。羊群可以自由自在地吃草，是因為牧羊人把他們趕到了肥沃的草場。是因為到處有豐富的食物，羊群才可以自由自在地吃。他們能不能自由自在，關鍵之一是有沒有可以自由自在的環境與條件，關鍵之二是熟悉羊群覓食的特點，因而信任它們會得主動吃草。

　　在人類的學生來說，就是（一）要為他們創造優良的學習環境與豐富的學習資源，他們才可以享受自由自在地學習，（二）熟悉學生學習的規律，因而信任學生會得主動學習。但是，人類與羊群不一樣。第一，羊群吃草，也就是為了吃飽，別無其他。人類的學習，不只是為了吃飽；還要服務、貢獻、互動、創新……第二，羊群吃草，是一種本能；人類也有學習的本能，但是教育制度的要求，卻不是本能可以達致的。

人類的學習，有本能的，如嬰兒時期的吃喝、學步、學語；但也有更多的超出了本能。最起碼是人造的符號——文字與數字，然後是各式各樣的系統學科——科學知識、社會常識、人文學科。而在人類社會裏，這些卻又是生存的必須。但還有其他如待人處事的能力、對生命生活的態度、基本的價值觀……等等。

習得：不可控又不必控

於是就有了一個問題：對於那些不是本能自然學會的東西，我們就要設計一個辦法，讓下一代學會。但是這些學習，第一，與本能的學習不一樣，是我們大人和社會覺得他們需要學的，一般不是孩子們自己覺得有需要。第二，這些需要的學習，與本能的「習得」（aquire）很不一樣，需要大人的干預。

「習得」，像學語、學爬、學步，絕大部分嬰兒是自然而然習得的。現代華人社會的家長，往往希望嬰孩盡早學會、做到，因此想出種種辦法，希望「催谷」成功。觀念裏面，愈早做到就愈好。

見過不少家長的擔心：「人家十個月，都在摸着走路了，我家的孩子還只會爬！」「我的孩子快兩歲了，一句話都不會講，怎麼辦？」然而，最後一樣都能走、能講。回想起來，父母都會為當時的焦慮而失笑。其實，大家都明白，早學會的不等就更強。早開始說話的，長大了不一定能言善道；早學會走路的，不一定就是運動家。但是做父母的，往往不自覺地認為孩子的學習，以為是大人可以控制的——大人想辦法，孩子就學得快。在華人社會，這又與攀比文化有關。

我們的許多朋友，幼時在香港或者內地的農村長大，聽他們說起的童年生活，都是非常豐富、多元、活潑，但是甚少大人的干預。大

人們或則太忙顧不上，或是根本觀念上童年就是這樣的。這些朋友，大都懷念童年。他們會對當時的奔放、冒險、頑皮，津津樂道——如何在泥裏、樹上、海邊、山上發掘他們的寶貝，用自己的創新製造玩具，在種種窘境裏設計脫險，在犯錯之後如何逃脫……他們的懷念，並非純粹的懷舊，他們會告訴你，那一段經歷終生受用。沒有大人的干預，卻學會了在孩子的群體裏生活，是一種自然而然的社會教育。（然而，在正規教育的觀念裏，這些都不算學習，甚至認為是妨礙學習）

遊戲：可控與不必控之間

即使在城市，以前香港很多新界的傳統村落，又或者是山坡上的木屋村，即使空地不多，孩子們還是很多自發的群體遊戲，也是活潑多姿。筆者在哈佛的一位學生，幾個青年乘坐一艘小艇，環遊了幾十個港口城市，結果發現：在不發達的城市，孩子沒有上學，滿街都是兒童在玩遊戲，很多是兒童們代代相傳的、毫不簡單的遊戲。到了發達的城市，孩子都上學了，在學校裏面，偶爾才有老師為孩子設計的遊戲；但因為意識上是為小孩而設計的，往往顯得 simple and stupid；孩子們往往覺得枯燥、乏味、厭倦。大人對於孩子的學習形態，其實是比較陌生的，往往會力不從心。大人心裏惦掛的，是如何完成課程的規定。

最近，國際上提倡幼兒遊戲，談論遊戲的研討會如雨後春筍。回溯歷史，豈非絕大的諷刺？幼兒遊戲，本來就是人類生活的傳統，也是兒童自然而然的活動，而且代代還有兒童自發的變種演化。遊戲的消失，是大人們覺得有更重要的事情，要把孩子關在可控的環境——學校——裏面，有系統地讓他們學習大人認為「應該」學的東西。遊戲於是就逐漸消亡。學習變得不自然！

即使是上述的討論，也申明是「在遊戲中學習」，是有明確具體目標的。往往有自命專家的，會問：「是否真的在學習？」「這樣的學習，如何測量？」於是設計出種種幼兒學習量表，不外是「語」與「數」，或者會加上自信、合群、解難、專注……等等。而不知道，這些測量，其實是規限性的，讓人們專注冰山一角，而不看冰山的全部。而遊戲，恰恰就是兒童在其中全面發展，在塑造整座的冰山。而且，同樣的遊戲，每一名兒童從中學了什麼，會很不一樣；學習的過程也會有快有慢。把一個個活潑多姿的孩子，變成一堆堆的數據。很可能分散了大人的注意，以為分數高的，就是學習成功，就是好孩子。還是「控制」的觀念在作祟：可控的才算數。

小學：減少可控的成份

廣義來看，遊戲，也可以說是「習得」與「系統學習」的中間地帶。因為前面說的「習得」，大都是幼兒個人的行為。遊戲，卻大都是社會性的群體行為。雖然也是「習得」，卻有溝通、合群、守規、服從、成功、失敗、友好、關愛、觀察、應變等等的經歷，都與群體中的其他人有關的。是幼兒脫離了家庭，初次嘗試社會生活。只不過，這裏面大人的干預很少。試想一想，兒時的「拋手絹」、「麻鷹捉雞仔」、「十字鎅豆腐」……不都是這樣嗎？即使沒有大人的干預，但是要服從兒童群體的「遊戲規則」；而這些規則，是大家共同認可的；服從規則，是一種很重要的學習，有異於服從教師的指令。

但是隨着年齡的漸大，大人為孩子設計的遊戲，或者說大人鼓勵的遊戲，就會愈來愈多。也並不一定需要大人來控制。隨便到哪一所小學，都會看到操場地面「跳飛機」的圖格，也可以看到小學生「跳橡筋」……有心的小學的教師，還會引進不同的遊戲，或者在教學中

加進遊戲的元素；近年則更有把學習遊戲化（gamification）的努力，一般都有很好的效果。

　　世紀初香港的教育改革，三個測評變一個，把小學的考試壓力鬆開了。也可以說是大幅度減輕了「可控」的成份。看得到，不少學校懂得掌握這個寬裕空間。這不是放任，而是讓適合童年的學習，可以得到發揮。這與新加坡的小一、小二不考試、韓國的初中一個學期不考試、內地的「雙減」，方向是一樣的。不過，小學高班，需要給教育局「交分」，用來做升中分配的參考；在許多學校，變相又出現了另一種考試壓力。年級愈高，「可控」的成份就愈多，其實是愈來愈收窄他們學習的範圍。到了高中，為了應付 DSE，這種空間就可以幾乎消失。

（原載《信報》2022 年 02 月 18 日）

Squiggle：繞迴探索

上文談到「生涯規劃」與「對口就業」，本來應就此話題擱筆，不料有朋友傳來兩項資料，引起聯想，忍不住拿來與讀者分享。

首先是兩位女士艾莉絲（Sarah Ellis）與塔柏（Helen Tupper），於 2021 年合作做了一個 TED Talk[6]，期間塔柏舉出一個階梯的示意圖。跟着說，這是今天很多人對前途的看法。一條明顯的路，一直向上，心中也只有一個方向。覺得前途是「可望」的，也是「可即」的。她們兩人是大學同學，在事業上都可以說是平步青雲，兩人曾分別任職微軟及連鎖超市 Sainsbury 等知名企業的管理層。過去，她們一直想的，是加薪與晉升，也好像都達到了。但逐漸感到，這種爬樓梯的生涯，好像把自己困住了——可望而又可即的下一步，並不一定很有吸引力；而自己可以感到興奮的，卻又不是自己過去經歷的延伸。因此，她們覺得，階梯模式的職業前景，是一種限制性的模式。

她們提出，現在人們的職業途徑，充滿着莫測性，但也充滿着可能性。到處都是變化，有些是可控的，更多是不可控的。因此是一團難以理清的曲線——squiggle，也就是演講中艾莉絲拿起的圖，圖中線路繞迴前進，表示每個人的 squiggle 會很不一樣，每個人成功的途徑也會很不一樣，沒有放之四海而皆準的公式。

她們寫了一本書 *The Squiggly Career: The No.1 Sunday Times Business Bestseller - Ditch the Ladder, Discover Opportunity, Design Your Career*，很多人看了都覺得受到啟發，開始了自己從未想過的探索。然而，階梯式的職業前景，依然深入人心。一個例子，見工的時候，聘任的一方，會問：「5 年之後，你估計自己會在什麼位置？」

6.　TED. (2021, June 12). *Sarah Ellis and Helen Tupper: The best career path isn't always a straight line* [Video]. https://www.youtube.com/watch?v=1ALfKWG2nmw

這樣的問題就讓人很不舒服；有些人工作非常出色，但是目標不在升級。這卻把人的思想，鎖死在爬樓梯的模式裏面。

階梯模型 限制機會

她們來自英國，在英國，只有 6% 的人，朝九晚五；很多人同時在做着 5 種工作；也有人估計今天使用的技能，50% 在 2025 年就會失效。因此她們說，階梯模型是限制性的，限制了人們的機會，限制了人們的希望，也限制了人們的學習。她們的注意點，於是回歸到學習。而機構的用人政策，假如不能放棄階梯的概念，他們將會失去真正有魄力的人員。

其實，我們每個人，每天都在學習。我們隨時隨地在社交平台上獲得的、在網上找的、在 Podcast 聽的、視頻上看的，都是自己的選擇，都是個人化的學習。再不是像學校一樣，規定統一的課程。這已經是離開階梯模型的起點。她們認為，每個人都是自為的學習者，都是自己的老師。

她們認為，階梯模型的問題，在於只有一個方向，每一刻只能走一步。她們的忠告是，放開上升的思維，想一想：有沒有其他可能性？有什麼是我感到好奇的？如此一想，就會發覺很多新的機會，建立很多新的關係；可以把自己的長處，在新的領域進一步發揮；也可以獲得新的知識，出現新的夢想，足以塑造自己新的未來。

因此，她們認為，每個人都應該賦予自己選擇的權利，為自己打開新的一道門。她們又認為，有為的機構，應該讓成員帶來每個人的長處，而不是把他們關在固定的程式裏面。

以上是把她們的 TED Talks，忍不住一口氣用中文寫出來。她們兩位，組成了一間職涯發展機構 Amazing If，把學習作為入手點，鼓勵人們通過學習，增加掌握自己前途的韌力。

筆者對這個 TED Talks 特別有興趣，是因為（一）其內容與筆者一直探討的不謀而合，但是用非常簡潔的語言，一針見血生動地說明了職業形態的現狀；（二）把社會的現象，直接聯繫到個人的心態，把轉變的主體，移到個人；（三）通過強烈的對比，提出了心態轉變的關鍵；（四）把心態的轉變，歸納到個人的學習，這更是筆者日夜所思。這些，都適用於像香港這樣的社會。

繞迴思維 探索而行

這個 TED Talks，也透露出這種心態的轉變，是逆流而行，不容易馬上為人們所接受。這個 TED Talks，也許不容易為僱主所接受。塔柏提到她剛進入微軟工作，辦公室就有一條標語：Come as you are! Do what you love! 相信許多僱主會覺得不可思議。提議不要困守在階梯模式的思維，豈非鼓勵人人不斷轉工？那還得了？家長也會很緊張，「兒呀！你這樣不斷轉工，也不想想將來退休怎麼辦！」

不過，也有人會說，希望員工長期服務的機構，已經愈來愈少。我想長期打一份工，環境也不一定允許。

筆者對這項 TED Talks，也不是沒有更高的期望。比如說，講者還是局限在職業與工作，也就是經濟生活；而人的生活絕不限於經濟生活。也是英國的文化，講者的注意，集中在知識與技能，而沒有涉及其他有關態度、情感、價值觀等方面。不過，一個視頻，也只能講

一個方面。她們能夠把複雜的現象，生動說明，已經可以對環境變化懵然不覺的人們，起警醒作用。

與此相連的，是 Simon Sinek。他的暢銷書 *Start With Why: How Great Leaders Inspire Everyone to Take Action*（中文版：《先問，為什麼？：顛覆慣性思考的黃金圈理論，啟動你的感召領導力》）和提出的「黃金圈法則」（The Golden Circle），成為許多管理、營銷、投資訓練班的必讀。他的黃金圈，說起來很簡單，就是凡事在 Why（為什麼）、How（如何做）、What（做什麼）之間，應該首先問 Why——為什麼？在一次演講中[7]，他舉了一般營銷的話語：「我們有什麼產品——你如何使用我們的產品——請買」。但是「蘋果」的話語，不一樣：「我們所做的每一件事，我們相信都是在挑戰現狀，我們都嘗試從不同的角度思考——因此我們的產品都有美好的設計，容易使用——例如電腦。」換句話說，顧客是為「為什麼」所吸引，是產品背後的理念，讓顧客覺得「蘋果」不一樣。

有限思維 扼殺成功

由此引申出吸引筆者的一個觀點——有限思維與無限思維（Finite and Infinite Mindset）。似乎與上述的 TED Talks 可以無縫連接。Simon Sinek 認為「爭做第一」是商業上必敗的策略。筆者的解讀，假如「蘋果」存心要迎合顧客的心理，它就被銷量限制了自己的思路，這是有限思維。像以往許多做營銷的，很注重作市場調查，看顧客的需要，其實就永遠不會有創新。創新（innovation）的其中一條基本原理，是 Customer don't know what they want！——顧客並不知道自己要什麼！現代的生產，不是滿足使用者自己知道的需要，而是設想和

7.　TED. (2012, May 5). Simon Sinek: How great leaders inspire action. [Video]. YouTube. https://www.youtube.com/watch?v=qp0HIF3SfI4

營造他們在新的情景下新的慾望。這是無限思維，因為未知的天地是無窮的。

前述艾莉絲與塔柏舉出的階梯模型，也是有限思維。在這種模型裏面，外部世界為個人設計好了每一步的階梯，只需要循着這種設計好的階梯，就能步步高升，平步青雲。猛然驚醒，這種一條直路階梯式的途徑，並不從就業開始，而是從幼稚園就開始了。就是筆者不厭其煩不斷重複的：幼兒園為了升上（好的）小學，小學為了升中學，中學為了升大學，大學畢業為了找一份好工。教育體系是一個封閉的系統，一切都是為了最終的目標——學歷。學生的思想就在學校的測驗、考試、分數、成績裏面打滾。這是非常嚴謹的有限思維。

但是這種有限思維的體系，正在遭受極大的衝擊。首先，大學畢業與「找一份好工」的概念，已經不是很多學生的想法。其次，學校在正規的課程、考試以外，已經在不斷地擴充學生的經歷，其實際效果，是打開了學生的眼界，開拓了他們的天地，實際上是在無聲無息地一步步走向無限思維。

請讀者想一想：前文討論的「生涯規劃」，豈非「階梯模式」？豈非「有限思維」？

必須說明：本文的目的，絕不是煽動人們轉工轉行，更不是要學生拋棄學歷的追求。只是就事論事，把已經變得面目全非的現實，稍作呈現；也是希望在與眼前現實搏鬥的過程中，我們也兼顧前路。

想起一段內地的老話：「前途是光明的，道路是曲折的！」現在也許也可以應用在個人身上。

這個 Squiggle 的故事，筆者在很多場合引用過，也引起不少朋友的引用。另外一個生動的比喻：傳統的一條光明大道，與現在的懸崖攀石。

（原載《信報》2021 年 05 月 28 日）

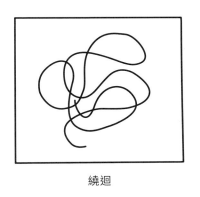

繞迴

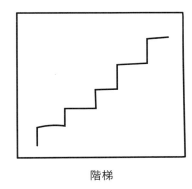

階梯

一條直路？不作他想？

文末有一附圖，先在此闡釋一下：典型的廣東橫柵木門，既可以防盜，又可以透涼。小孩頑皮爬玩，其中一個把頭伸進木柵之間，卡住，無法回出來。這是筆者多年前在廣州遊客步行街口看到的一座大銅雕。當時就被吸引住。好奇，往前一看，下面的標題，居然是「勤有功，戲無益」。馬上思想澎湃，太絕了！這座銅雕，可以說是典型的南方生活寫照，也是非常生動地捕捉了那孩子的窘態。若是在西方，那是一座精采的寫實藝術品，孩子們的神情栩栩如生。但是中國的文化習慣，即使是藝術品，必須要言之有物，也就是要「講道理」，於是「勤有功，戲無益」，變成了一個警世的作品。

這張圖片，正好配合了前文正在探討的遊戲。也就是「戲」，是「無益」而有害的。意思是：「你看，貪圖遊戲，就會如此陷入窘境！看你還敢不敢？」而「戲」之「害」，不止於此，更重要的是偏離了「勤有功」。「功」者，用功、功課，必須是不斷地，毫不分神地勤奮。遊戲與用功，是對立的。這與今天的提倡兒童遊戲（play），成人的「工作與娛樂平衡」，剛好相反。因此覺得這幅照片，應該與讀者分享。

科舉仕途 一條直路

總覺得，中國人用功、勤奮讀書，科舉是動因的源頭。科舉是一條「可望可即」的階梯。上文提過的塔柏與艾莉絲的 TED Talks，就是把傳統的「職業前途」（career path），形容為一條可望可即的階梯。筆者演講引用的時候，形容這是「一條直路，不作他想」。而現代社會裏的「事途」，卻是難以預計的「繞迴」（squigggle）——每天都

可以有新的挑戰、新的目標、新的興趣、新的窗口、新的希望。不要怪人的「多心」、「不專一」，而是社會變得不穩定、不確定、碎片化……在電視上看到有從事招聘的，認為日本僱主「不喜歡對方不斷轉工」，在現代社會，即使是日本年輕的一代，難呀！

在科舉時代，這「事途」也是「官途」，稱為「仕途」。「士」與「仕」兩個字，兩筆之差，讀書與當官，連在一起了。事實上，那年代，考取「功名」是社會上升的唯一途徑。門生用功讀書，也是「一條直路，不作他想」。

然而，從「士」到「仕」這條直路階梯，從孩提「開蒙」就開始了。廈門大學專門研究科舉的劉海峰教授，曾經引用白居易的句子，「及五六歲，便學為詩。九歲，諳識聲韻。十五六，始知有進士，苦節讀書……」白居易生於唐代，他五歲是公元 777 年。1921，已經沒有了科舉制度，但是家父三歲「開蒙」，與白居易幾乎一樣──《三字經》、《百家姓》、《千字文》。家父在回憶錄裏說：「儘管不懂內容，先生要背書，就得死記。所好有韻，讀起來還順口……」後來開始讀《四書》──《大學》、《中庸》、《論語》、《孟子》……還兼讀《幼學瓊林》、《幼童詩》、《千家詩》、《唐詩三百首》、《左傳》、《古文觀止》……也是三歲開始學毛筆書法──描、摹、臨，小字《黃庭堅》、大字《多寶塔》、《九成宮》。那是 11 歲轉到揚州中學念小學四年級之前所學的。現在看來，有點不可思議。

家父形容當時的情形：「不知道是他（先生）的水平低，還是我的水平低，總是引不起我的興趣。但我的記憶力強，儘管不懂，背書時仍滾瓜爛熟，從來未被罰用戒尺打手掌。」雖然沒有了科舉，人們仍然把讀書作為孩子奔上功名之路唯一的、當然的、絕對的手段。而作為兒童，沒得選擇，不由分說就送上了這「一條直路」，沒有「他

想」的餘地。套用今天的話來說，那是不折不扣的「生涯規劃」，是最原始的、而又最坦率的、最直接、也是最極端的「生涯規劃」。

人生事途 峰迴路轉

不是說「十年寒窗，一朝成名」嗎？查看資料，歷史上最老的門生是廣東人，102歲還考鄉試，還由曾孫護送。另一位也是廣東的，李煒，99歲，不中，乾隆皇帝也許是讚賞其鍥而不捨，「賞給舉人」，類今天的「榮譽學位」。這都是極端的例子，但是五、六十歲還在應考的，比比皆是。他們的一生，就是準備考試，就是一心要考取功名。你說，這不是「一條直路，不作他想」？用北方話來說，就是「死心眼」。否則，如何捱到九十、一百歲？

不可以用現代的眼光，去審視古代的事物；「此一時，彼一時」也。但是時移世易，也不可以把古代可以理解的，在今天也作為合理的。甚至不可以把三十年前可以理解的，作為今天也要遵行。下面舉幾個例子。

一位青年，音樂頗有天資，念完中學，立志到英國追求她的音樂夢。到了英國，疫情影響，發覺音樂的出路凋謝，即使疫情之前也有些不景，內行人認為近期內復原無望。不得已，她轉而念了一門專業。這是被迫轉移，也可以說是對現實的適應，雖然與原來的夢想距離很遠，但是相信她也不會放棄音樂。

網上傳來，一位律師樓秘書，因為家人常說「室內工作沒那麼辛苦」，植根心中，考了證書而入行。漸漸覺得這是一個「既不喜歡、工時又長、壓力又大、決不能做錯」的工作。做了20年，35歲，毅

然辭職。想起小時候很熱中參加講故事比賽,於是由學習冥想開始,認識自己,進行「心靈排毒」;又去了埃及學身心靈。前後花了 4 年,「發現自己最想做與治療有關的事」。終於進了院舍,做職業治療師。「做了這份工後,好像將我的潛能慢慢逐些 unlock(釋放)。」當年家人一定是出於善意,但是不經意地弄成了一個綑綁了她 20 年的枷鎖。從不經意的服從,到自覺的尋找,這也許是不少人在「事途」中遭遇到的。這不是客觀環境所迫,但卻是對於自己「潛能」的探索過程;這個過程,需要時間。前面對辦公室工作的厭煩,正是這個探索過程的起點。沒有這段工作經歷,也不會有後面的探索。而這種探索,絕非在學校裏面,填寫一份性格量表就能達到的。

人到中年 第二曲線

　　也是網上傳來美國經濟學家布魯克斯(Arthur Brooks)的故事。他也是音樂天資甚高,吹圓號,跟過不少名師,在比賽中經常得冠軍。19 歲,大學退學,打算進入頂尖的交響樂團。突然,他覺得自己的演奏愈來愈不如意。無論如何加強練習,都無補於事,甚至每下愈況。轉而教授音樂餬口。同時進修遠程課程,想不到卻找到了新的前途,現在是哈佛商學院的教授。他認為,人生到了中年,不必緬懷過去的光輝業績,而要勇敢地進入人生的「第二條曲線」(second curve)。他的研究,列舉了許多出名的音樂家、運動家,以至學者、工商業翹楚,都會遭遇同樣的挑戰;其中有成功的,也有因而失敗的例子。我們不一定要全盤接受他的理論(fluid intelligence),但是在事業成功的一刻,預感會需要進入「第二條曲線」的,也許不多。但是,也有不少在成功時候,急流勇「轉」,迅速掀開新的一頁,也大有人在。

以上三個例子，一個是由於社會變化的客觀因素，一個是因為個人的內在因素，一個是關於成功人士的「從頭越」。都說明，人生的工作前景，不會是「一條直路」。在就學階段，就要青少年確定「一條直路」，從而「不作他想」，對他們很不公平。這「一條直路」的目標，都是不切實際的。要他們去確定這種目標，從而據此生活，是耗費了他們的青春。

（原載《信報》2022 年 02 月 25 日）

廣州這個銅雕名稱是《勤有功，戲無益》。
（作者提供圖片）

前景不定，如何規劃？

「生涯規劃」是若干年前政府提出來的。按照正式文件，基本理念是讓學生（1）盡早了解個人興趣；（2）了解個人能力；（3）了解個人性向；（4）掌握多元出路及職場資訊；（5）為未來升學及就業做好準備。

不管提出「生涯規劃」的原旨如何，一般的理解就是英文的原意，career planning，也就是為學生提供準備，為將來的職業做好鋪排。一個是 career，就是將來的事業，一般理解為將來從事的行業、職業。另一個是 planning，也就是及早營造一切可能的條件，經過長時間的不斷準備，最後達到目的。

一個例子，一名學生，一心想要成為醫生，因為他嚮往醫生濟世救人的使命。於是不斷努力考好試，選好考試的科目，結果成績斐然，最後果然考進了醫學院，如願以償當了醫生。這是生涯規劃成功的最佳例子，現實中也的確有這樣的情況。

但是，這種例子，在醫學以外，已經不容易找到。首先是「對口就業」已經不能說是必然的事。即使是專業性質的學科，例如法律、工程、社工、教育等，畢業以後，不少比例的畢業生沒有按學科專業入行。有些朋友看不慣，說這是浪費，或者覺得學生辜負了培養，而不知道這是存在已久的新常態。這裏面有幾點值得注意。

第一、學生入大學之前的想法，與畢業時的想法，可以很不一樣。入大學以前看到的社會與行業，與自己的志向與興趣，到畢業時可以很不一樣。說實在的，大學四年，正是青年人探索前程的最重要的窗口。沒有理由要他們固守在入學前的志向與興趣。

這一點，也是與「生涯規劃」的概念相悖。一個人投身什麼行業與職業，也是一個漫長的探索過程，沒有理由要他們在年少的時候，沒有足夠的經歷與體驗，就要決定自己的興趣與去向，何況還要「規劃」？

第二、當然，招聘工程師，必然是工程畢業；招聘法律人員，必然是法律畢業……因此，專業學院的教師，必須讓自己的畢業生，成為最優秀的專業人員。但是卻也要準備自己的畢業生，有不少將來並非從事自己就讀的專業。君不見工程畢業的，從事投資、保險、社工、教師、名廚……牙醫畢業的，成了校長、歌星、慈善家……

志向興趣 漫長演化

對於一些非專業性的學科，畢業生的出路就更加寬闊。不論是念生物、歷史、心理……畢業後從事的工作，往往可以與在大學念的，沒有直接關係。

第三、就業的另一面，行業的僱主、負責人、人事主任會告訴我們，他們招聘人的時候，注意的是人，而不是他們已有多少知識；是估計他們能做什麼，而不是他們念過什麼。

香港最大的行業之一，金融——投資銀行、零售銀行、私人投資、保險、基金、會計——招聘的大多數沒有念過金融、經濟、會計。另一個大行業，科技，更大多數是半途出家。大膽說一句，現在的大學畢業生，「對口就業」已經逐漸不再是主流。都說明，大學的寶貴之處，在於青年人得以面對廣闊的種種可能性，充實自己對社會的認識，不斷反思自己的前程。

第四、「對口就業」只是指畢業生第一次就業。畢業以後，在工作的過程中，青年人還在不斷有新的經歷、新的體會，也因而在不斷調節自己的前途走向。

對口就業 漸非主流

社會上的行業愈來愈多、愈來愈複雜、也愈來愈多變動；愈來愈多新的行業冒起，愈來愈多舊的行業消失。轉工轉行因而也是非常普遍而頻繁。自主創業的，更是如雨後春筍。「人浮於事」，已經是新常態。如何規劃？

再加上機構、公司的興衰頻繁，就算是公司與機構裏面，掌權的、創業的，甚至整個行業的老手，也難以逆料自己的去向。更遑論規劃？

讀者也許會注意到，筆者行文甚少下「正確」、「錯誤」的判斷。但是不得不說，要學生作「生涯規劃」，是一種錯誤的、過時的概念。年前在俄國，當地的教育倡議者覺得，對於年輕的學生，最重要是兩件事：掌握科技、決定志趣。2019 年，在芝加哥參加美國著名哲學家、教育家杜威（John Dewey）訪華 100 周年活動，遇上兩位來自內地非常出色的大學生代表，閒談中，她們透露，「目前最大的挑戰，是如何確定自己的志趣。」2020 年內地一個高端的教育研討會，會後的線上群組，有論者看不慣現在的青年 5 年轉 3 次工，因此覺得是他們沒有為自己作長遠的生涯規劃。可見，「生涯規劃」的概念，是很有市場的，而且成為不少教育界的思想框架。

生涯規劃之有市場，一則由於對社會的變化沒有注意，或者身在這種社會變化之中，卻沒有看到變化的根本性和廣泛性，也沒有聯

想到教育；二則對於教育的功能，停留在工業時代的生產流程概念，仍然把教育看成是「塑造人」的過程，是學生被動地被安置進社會的過程。

政府立項 不容更改

但是，「生涯規劃」因為政府立了項，有預算；以今天政府的運作形態下，似乎不容更改。這也是關於「生涯規劃」的異見，難以被接納的主要原因。「生涯規劃」的資助，是可以轉化為常規教席的真金白銀，而不是一次性的撥款。換句話說，學校需要把「生涯規劃」作為學校的恒常教育活動。學校拿了這筆錢，怎麼辦？以下是筆者一些也許不太成熟的意見。

一、本文開頭五項「基本理念」的第四及第五項，但做無妨。學生對於社會職業的分布與發展，知道得愈多愈好；而且值得盡早知道，將來會是怎樣的一個世界，但也要描繪世界的多變莫測。但是作個人的「出路」、為「就業做好準備」，如果「盡早」出現，就會把中小學的教育目的，又回到狹隘的職業準備，其他的學習目的，就會被排擠。而如上述，標靶式的職業準備，是誤導，會遭到現實的懲罰。

二、至於「基本理念」的第一、第二和第三項，認識自己的興趣、能力、性向，首先，其實是一個漫長的過程，也是一個不斷變化的過程。所謂「盡早」，隱含「盡早找到」一個確定的結果。這是不切實際的。其次，人的興趣、能力、性向，我們不完全排除有先天的、家庭的因素，但是主要還是在人的經歷裏面，不斷演化成長的。「盡早」，在孩子還在逐漸成長的過程中，他們如何就能確定自己的興趣、能力、性向，從而認識自己的未來？

三、這不等於說就不要讓學生培養自己的興趣、增強自己的能力、探索自己的性向。問題是不要「過早」，更不是「盡早」。學生對某種事物有興趣，是絕大的好事，可以培養他們熱愛、專注、探究的能力。但是，可以允許甚至鼓勵他們在不同的時候有不同的興趣，但絕對不應該就要他們把眼前的興趣與未來的職業掛鈎。

一個人的能力，是在工作中實現的；若「過早」以為自己只是強於某個方面，而不發展其他；又或者以為自己弱於某些方面而放棄。那都是與一個人的能力成長過程相悖的。

一個人的性向，更是難以捉摸。我們周圍的朋友，很多都是進了一個行業很多年，才發覺這個行業不適合自己，又或者發覺另外的行業更適合自己。沒有實踐，憑空如何可以了解自己的性向？「盡早」的話，學生的經歷只有家庭與學校，又何以了解自己的性向？

但是許多教師又會問，我們不是應該鼓勵學生有志氣嗎？而且希望他們盡早立志嗎？下文再談。

（原載《信報》2021 年 05 月 14 日）

對口就業，非不能也！

　　大學畢業生之中沒有「對口就業」的，大多並非因為不能找到對口的職位，而是在大學期間開闊了眼界，畢業時看到的社會現實，與入學前的認識，很不一樣。經過大學的經歷，畢業時對自己的定位與前途，也會很不同。況且，幾年裏面，社會也會有了無法預計的變化；原來心儀的職業，也可能已經面目全非。個人也有機會對就業這個概念，有了總體的全新看法：例如不再打算打工，而有興趣創業，試試自己的實力。固然也有循着原來的想法，努力完成自己當初的計劃，尤其是比較穩定的領域，例如醫科、音樂。但這樣的空間和想法，在其他大多數的領域，不一定是現實。總之，沒有對口就業，甚少因為找不到「對口」的工作。「對口就業」，非不能也，是不為也！

　　但的確，要接受這個事實，不太容易。直至數年前，還有本港大學的職業輔導部門，對於專業院系的畢業生，調查他們「對口就業」的比例。再早一些，更有大學以此比例作為 KPI，衡量該院系的「業績」。這種情形，現在已經絕少。不是大學在退讓，而是這已經不符合畢業生及社會的實際。

職業不拘 積極心態

　　數年前在一個教育組織的活動中，筆者提到「對口就業」不斷下降的現實。在座的朋友，馬上就有「香港的行業發展不夠均衡」、「香港沒有發展工業」、「僱主不滿意本地畢業生」等等的解釋，似乎都還是認為「對口就業」是唯一正途。但都說明不了「對口就業」下降的原因，更說明不了人們不斷轉工、轉行的現象。

為什麼不「對口就業」？為什麼會不斷轉工轉行？其原因，只能從年輕人自己身上找到，要看他們是怎樣想的，而不是我們去憑空臆測。曾接觸一些有關教育而頗有意義的 NGO 和社企。裏面的負責人，都是近年畢業的本港大學生。他們有幾個特點：一、都已經轉過數次工；二、他們在 NGO 或社企工作，許多都是義工或者兼職，也就是都另有「正職」，有穩定收入；三、他們作為義工或者兼職所服務的，往往不限於一個團體，屬斜槓族，也就是同時從事多項「職業」。

讀者或者會說，「你碰到的都是態度最積極的年輕人！」也許沒有說錯。不過，筆者認為我們以前看到最「積極」的，只有一類，就是不斷希望事業發達多賺錢的一類；「態度積極」而服務社會的，以前的確是極少數。現在這類團體為數不少，不再是極少數。此外，筆者也接觸不少自己創業的年輕人，他們也許從事貿易、科技、文創、手工製作，雖然都要考慮市場、收入、財政模式，但都不期然露出善心，要為社會弱勢社群服務，或者解決弱勢人群的困難。他們的心思，不再讓金錢或個人利益完全掩蓋。

看社會變化，值得注意初生的、嶄露的苗頭。如果用舊的框架去衡量，以看不慣的態度去對待，就會錯失了認識社會的新走勢。「對口就業」是一個例子，我們習慣於把教育與學生的職業前途掛鈎，以為教育的目的，不外就是學生的職業前途。而且認為，學生的職業前途，是可以精準地鋪路準備的，因此有了「生涯規劃」的思路。

規劃思維 埋沒前途

然而，社會的發展，不是我們個別人的主觀願望可以左右的。有兩句古話：沉舟側畔千帆過，病樹前頭萬木春！無論我們怎樣想，社

會的列車還是會毫不留情、毫不回頭地往前走。現在我們面臨的挑戰，不是「如何規劃得更好」，更不是「如何規劃得更精準」；而是如何打破「規劃」的思想範式。

因為，社會變幻無窮，人們的前景也難以預測、難以捉摸，更遑論「規劃」？年輕人的「不定性」，正是社會「不定性」的真實反映。要年輕人朝着一個確定的生涯目標做人，豈非誤導？而且，讓學業成績優異的學生以為有了美好的成績就能有美好的前途，不也是誤導嗎？因為這與現實脫節。

這裏簡單重述一下兩個例子。第一個，一名學生，在香港一所名校念中四，成績一塌糊塗。因為偶然的機遇，被美國麻省理工學院發現有創意天才而破格錄取，不要求上課、考試，而是送他到世界各地的設計中心，連續跳過了學士、碩士，最後進入博士學習，19 歲畢業。如果他當初按照我們教育制度的路軌，肯定是被視為失敗者。

第二個，寧珀，內地著名的神童。1978 年以 13 歲之齡進入中國科技大學第一個少年班，安排念理論物理。他卻喜歡天文學、星相學；考研究生的時候多次退縮；結果還是完成了博士，留校任教。筆者聽過中科大前校長朱清時的報告追述，寧珀有天忽然失蹤，後來聽說在五台山有一位僧人，講易經非常精采，才知道他出了家。之後得知他還了俗，而且拿到了心理治療的執照。

寧珀這個故事，在內地家喻戶曉。但是評論往往認為是不當的吹捧，造成寧珀神童「殞落」，是「神童教育」的失敗。朱校長的看法卻不一樣，認為這是寧珀找到了自己能掌握的前途。筆者完全同意。

這是分析「生涯規劃」的一個極佳例子。寧珀自己在最後一次電視訪問，也認為他對少年班開始的 20 年，沒有後悔，反而覺得是很

有意義的體會與學習。這裏面有環境的變化（中國開放改革），也有他本人對事物追求的變化（從中醫、天文、星相、到佛學）。這是一個漫長的過程，而且是與社會主流逆行的過程。對寧珀來說，神童教育的成敗，無關宏旨；但他卻經歷了成功的人生——始終保持不斷探索的態度，始終沒有把自己困在「規劃」的牢籠裏。這不是今天年輕人應該抱有的人生態度嗎？

志趣易變 志氣須立

回到一個問題：學生不應該立志嗎？筆者認為，立志可以有兩種解讀：「志氣」與「志趣」。前文介紹的「生涯規劃」，包括「盡早找到自己的興趣」。同事祁永華告訴筆者，「興趣」是一個延續的過程，中國人的「趣」字，就有邊走邊尋找的動態意境。即使成年人，也會有不斷地尋找、建立、發展和改變自己興趣；也受着環境與機遇的影響，不一定可以有一個極終興趣。這是講「志趣」。要學生盡早確立自己的志趣，可以說是一個偽命題。

「志氣」則不一樣。筆者左思右想，覺得中國傳統的「修身、齊家、治國、平天下」，也許可以提供一條很好的線索，不過需要有現代的闡釋。這裏提出一些不成熟的零碎看法。修身：在幼兒階段，是自理與自立。小學，是善於專注，樂於涉獵。中學，勇於承擔，敢於創新。齊家：心中有他人，關愛與包容，心胸開闊。治國：包括社會與國家，同情心、同理心、關心大環境、家國情懷。平天下：全球公民心態、跨越文化邊界。這些都有終生的影響。

以上，還需要細緻雕琢，有機會再展開。但已經足以說明，關鍵不在規劃，而在於探索。規劃是聚焦，探索是開拓，是截然相反的。

既然「生涯規劃」揮之不去，不如加個副題：「生涯規劃——生命探索」，或者「生涯規劃——生活探索」。

上面談到興趣，又會有讀者問：那麼，孩子假如有天賦，不是要及早發現和培養嗎？那牽涉到另外的一些問題了。

（原載《信報》2021 年 05 月 21 日）

向上・逐低・後物質

在〈Squiggle：繞迴探索〉一文中論及繞迴的職業途徑，此文在《信報》刊登後，收到一位朋友來信，「我的親戚正要從頂尖的公司辭職去讀書。他的父母擔憂，你的文章對父母輩有啟發！」筆者的回應是：「我只是實話實說。父母擔憂，同輩羨慕。」那是常態。

《信報》同文方舟先生於 2021 年 6 月 2 日的文章中，提出了一條問題：「香港青年為什麼缺乏向上流動性？」引起對幾個問題的思考，也與前文的討論有關。

首先是「向上流動」的概念。這個概念，其實隱涵兩個方面。第一方面是有沒有這種機會；第二方面是青年人有沒有這種意向。

第一方面：社會裏向上流動的機會也許會愈來愈少。讀者也許還記得作者佛里曼（Thomas Friedman）的著作《世界是平的》（*The World Is Flat: A Brief History of the Twenty-first Century*）。他的論據，比較側重在商業的轉型與科技的發展——互聯網、軟件共享、服務外判、離岸運作、供應鏈、訊息互通等等。那是 2005 年的書，當時人們幾乎視之為「預言」，16 年之後的今天，可以說已經是司空見慣。現在還出現許多當年無法預見的景象——大數據、共享形態、AI 的應用、社交平台、YouTube、TED Talks、TikTok……等等。這一切，都把人與人之間的關係，「拉平了」（本文於 2021 年 6 月刊登時，，元宇宙還沒有成為熱門話題。疫情之下，科技在人際關係中的使用，更加廣泛，也更加減弱了社會中的階層隔離。

且看看李子柒的例子。就是一個普通的城市女子，回到鄉下，把一些在中國農村比較平常的日常活動，平白地拍成視頻，絕少言語

對白，不動聲色，卻引來全球超過 3000 萬的點擊。怪不得在很多社會，包括香港，不少青年人願意從原來可以安穩的職位，嘗試成為 YouTuber。有一次與馬來西亞的華文教師交流，他們說一項調查顯示，70% 的年輕人嚮往做 YouTuber。

不一樣的成功感

這就要看第二個方面。這些年輕人，不是沒有機會向上流動，而是對於向上流動的興趣，不及自創天地的吸引力。筆者一名博士畢業生的兒子，美國名大學精算畢業的年輕人，不去打工，卻醉心於花式砌牌（Cardistry），而且成為名家。他明知這不可能成為終身事業，但是「活在當下」，其樂無窮。

年輕人的事業觀、成功感、幸福感，都已經與上一代人迥然不同。如果用「向上流動」的標準來看他們，就會覺得他們沒有出息、沒有遠見……反正就是不務正業。

上述的文章還帶出了另一個維度，服務行業的特點。香港的第三產業，佔本地生產總值的 93.4%（2021 年數字），這是近年的常態，估計從事服務行業的人員，大概佔 85% 左右。文章指出，香港的服務行業，主要分為兩種：第一種是金融及專業服務等高增值服務業，第二種則是消費性服務業，主要是零售、旅遊、餐飲等行業。這些行業，都不是金字塔式的大型科層機構。

筆者不厭重複地描寫過，工業社會的興起，關鍵是明細的分工，設計流水線的程序運作，最後合成一個複雜的產品，於是大量生產。有了蒸汽機、有了電，更是如魚得水。最近有機會重溫差利卓別靈（Charles Chaplin）的《摩登時代》（*Modern Times*），真是

生動而深刻。筆者 1980 年代在東莞，2000 年代初在非洲的萊索托（Lesotho）、斯瓦蒂尼（Eswatini，前稱斯威士蘭）兩個國家，都見過典型的大工廠，前線都是埋頭趕指標的幾千個操作工，做着非常簡單的動作。一條生產線，45 至 50 人，一個管工。假如前線有 5000 名工人，就有 100 多名管工；於是要有管工的管工；在上面就是從設計、以解難角度參與工作的助理工程師、副工程師、工程師、總工程師。於是就形成了金字塔形的機構。後來的商業機構、甚至政府機構，大概也是這種模式。

不一樣的機構形態

　　筆者曾經不厭其煩地說明，這種金字塔形的大型機構，已經愈來愈少。一方面是因為大量生產，已經是市場的毒藥。現在講究的是個人化、個別化、個性化，度身訂造；最吃香的是「限量版」。因此，部門林立、層次分明的機構，逐漸讓位給小的、扁的、鬆的、脆的微型單位，趨向「一站式」。現在香港的工商業單位，大部分如此，層次很少。

　　另一方面，科技的發達，原來操作性的勞動，逐漸被機器替代；也會把原來幾個層次的操作，合併成為自動化的簡單過程。這就大大地壓縮了機構的層次「高度」，也大大地減少了人員晉升的機會。斯瓦蒂尼以生產蔗糖出名，原來一個 200 名工人的車間，變成 3 名人員的自動化操作，這還是 20 多年前的事，在一個小國家，已是如此。

　　這樣的單位，就不存在「向上流動」的現實。這與人員的工資收入，也許沒有直接關係。也就是說，不論是「高增值」的如金融，還是「低增值」的如旅遊，他們的運作模式，都是層次不多的單位、小

組、deal team。也就是說，不論他們工資的高低，都沒有太多的「向上流動」的空間。也就是說，工資的高低，是行業的特徵所致，而不是機構的結構所致。簡單的例子，投資銀行最基層的分析員，高薪，但並非人人都指望進入公司的管理層，因為那不是一個「可望」又「可即」的夢想。

這就回到上文〈Squiggle：繞迴探索〉內提到的階梯模式，一個目標、一條直路、按規矩拾級而上。對很多年輕人來說，這已經不是他們的夢想；而他們的想法，也反映了他們所處的現實環境。

這又回到教育的角色。傳統的工業社會，也是現代教育體系誕生的土壤。教育的功能，就在於生產社會需要的勞動力。或者說，把人類塑造成為人力資源。由於社會需要各個層次、各種技能的人力資源，於是教育就有把人類分等分類的任務。因此教育的產出，應該吻合社會的需求。假如不吻合，就是錯配。但是這種觀念已經與現實脫節。

不一樣的聘人準則

筆者的觀察，大學畢業「用非所學」，已經是常態。在香港，除了醫學院，「對口就業」已經失守。即使第一次就業「對口」，也會不斷轉工轉行。在許多行業，「半途出家」的大有人在。更何況很多行業正在消失，又有許多以前沒有的行業正在興起。社會科學、人文學科、自然科學的畢業生，其實遍布各個行業，而且不少還業績彪炳。專業學科如法律、工程、教育、建築、社工，固然有不少對口就業，以他們所學貢獻社會；但也有不少沒有對口入行，同樣正在作着出色的貢獻。

以上的描述，並非筆者的臆造或者誇張。讀者只需要問問周圍的青年人、中年人，就可以看到現實的真相。有些朋友，自己在商界非常成功，也非常明白工作形態的時移世易，在聘人的時候，也非常靈活。但是往往一談到自己子女的教育，他們又馬上回到 20 世紀的觀念，還是希望孩子乖乖地考好成績、獲得學歷。他們往往沒有在意，學歷與職業的關係，已經完全變了。而實際上，許多機構聘人的時候，關注的已經不是應徵者的學歷，而是他們的經歷。關鍵不是他們學過什麼，而是他們能做什麼。

筆者的學生簡美蓮博士 2009 年的研究，發現同一所大學的畢業生、同一種學歷，進入同一個行業，他們的工資收入，可以很不一樣[8]。最高與最低的相比，投資銀行——13 倍多；零售銀行——5.5 倍；電腦有關——4.5 倍；市場營銷——4 倍；社會工作——2 倍。這非常有力地說明，聘人單位所考慮的，遠遠超過大學的品牌（同一所大學）與學歷（同樣的學士）。而我們還以為，品牌與學歷，是就業的關鍵。這種現實，難道不是高等教育政策應該關注的重點嗎？難道不是我們的大學值得深刻反思的嗎？

總括來說，「向上流動」這個話語，已經不容易與現實吻合。年輕人不在乎「向上流動」，不是他們不求上進，而是現實變了、環境變了，他們的思想更符合時代的變化。數年前，日本就有批評年輕人是「逐低族」，認為不可接受，也是停留在陳舊的思維裏面。然而，轉眼看，原來帶有貶義的「後物質世代」，已經出現在水平線上。

（原載《信報》2021 年 06 月 04 日）

8. Kan, Hayley Mee Lin. (2009). Local talent and international standards: The emergence of global graduate employment in Hong Kong. [Dissertation Theses, University of Hong Kong], Hong Kong Education Bibliographic Database. https://bibliography.lib.eduhk.hk/en/bibs/47985d81

大學生之人文發展

2022 年 12 月 13 日舉行的田家炳基金 40 周年紀念活動，大會邀請了九位大學的校長或副校長，齊集台上，輪流分組回答三條問題。下面是第一條，全文隻字未改照錄。

「學校如何提升德育 / 價值觀教育工作，引導學生注重品德內涵修養培育，為未來人生路奠基？」

這裏是筆者的思考。這個問題，是針對知識與技能以外，學生的發展。這就包括學生的情感、態度、道德、價值觀；也就是這裏說的品德、內涵、修養。因為是面對大學校長，可以假設是有關大學教育的，與中小學教育應略有不同。假如是針對中小學教育，大都會把注意力放在「教」的方面，看學校能做些什麼，幫助學生在知識以外，如何成長。於是會聯想到開什麼課程？如何設計校園生活？組織什麼活動？引進什麼外力元素？等等。

大致來說，在中小學，學生一般未成年，學校負有監護他們成長的責任。一般假設學生的發展，是可控的；因此學校就要盡量地鋪好路軌，讓學生上軌道。具體來說，學校都有校規，就是在校園以內的行為規範；讓學生有所依從。雖然大家都知道，一樣的學校環境，也可以產生一百種學生。因為學生成長的因素，學校只是其中之一，而且學校不是工業生產，不是所謂「倒模」，不會產出一模一樣的學生。雖則大家也知道，學校有校風，是一種有形無形之間的氛圍；不同的學校，畢業生的風格還是可以看得出來的。

大學則很不一樣。香港的大學，更加接近西方的理念。學生進了大學，基本上是進了社會。從法理來說，他們都是成年人。學校不扮

演學生的監護人。另一種說法，學生是成年人，學校無權監控他們的行為。實際上，學生的行為，是受社會法律的規管。許多年前，曾經有內地和或者台灣的大學朋友來訪，都驚訝於大學沒有校規。

大學生成長，靠管制嗎？

大學不是沒有紀律，作弊是零容忍的。在港大，學生作弊是嚴重的犯規，要立案調查，設立專案小組，實行類法律的審查；有時候甚至學生可以聘律師辯護。除此之外，都訴諸法律。筆者當過學生宿舍舍監，相當熟悉——有偷竊，報警。新聞曾報道有大學生騷擾其他學生，也是報警。當然，大學是教育機構，過程中還有許多勸喻、調解、輔導的餘地。

但以上都是消極的。經過大學的，都知道大學生活，是非常豐富的學習生活。大學畢業多年，往往記得的不一定是課上的知識，而是課外的活動。傳統的有各式的學生團體——學術的、體育的、音樂的、舞蹈的、戲劇的、宗教的……後來又多了許多服務性的（如扶輪社）、世界性的（如 AIESEC）、「潮」的（如動漫學會）。這些，甚少是學校設立的，幾乎都是由學生自己發起的。筆者就在 60 年前，參加過 50 人簽名發起組織港大「行社」（Ramblers' Club）。

住過宿舍的，更加會覺得宿舍生活最難忘；那是不同背景不同思想的年輕人，學會共同生活。即使是課內的學習，也變得很多姿采——各式各樣的小組項目、設計、創造、校外體驗，無法勝數。但是更多的是大學生自己在校外參與的活動——NGO、教會、社區——往往是幫助弱勢社群。

學生自治，是大學生一個重要的學習領域。很多學生都爭取「上莊」（選入學會的執委），而「上莊」是一種難以替代的經歷——要經歷決策、協商、分配、解難、排危等等的考驗。那天田家炳的會上，座上就有聽眾提出要重視學生自治的機會，誠然。

大學生自治，最佳鍛煉！

筆者在當舍監的時候，有一年宿生會的主席，日以繼夜地為同學服務，往往連睡覺的時間都沒有。她在中學的時候，成績彪炳。問她，為什麼捨得如此犧牲自己。答：「我要是埋頭只顧功課，要考個一級榮譽，也許不難。但是我就會失去了現在學到的東西。這是非常難得的機會。」這種想法，很有代表性。

筆者參與過內地多所 985（國家重點）大學的評估。也都是學生的學會（稱為社團）林立，學生（尤其是一年級的學生）幾乎每個人都會參加一個社團，也有同時參加超過一個的；第二年都爭做學會的理事或者幹事。那是大學的常態，內地稱為「第二課堂」。內地也愈來愈重視校外的社會服務與社會體驗。我們評估的時候，也包括這些方面，而且還邀請校外的合作夥伴作出評估。

不少本港大學，都有「師友計劃」（metorship）。metor 這個英文字，近中文的「師傅」，而不是 teacher。也就是全面幫助學生成長的前輩。香港大學於 1997 年開創「師友計劃」的時候，只是覺得，大學有無數有豐富社會經歷的校友和朋友，而我們的學生，相當一大部分來自弱勢家庭，他們的家庭沒有這樣的社會網絡。學術一點來說，他們沒有這樣的社會資本。將來畢業進入社會，就很吃虧。何不讓他們配對，讓學生從「師傅」身上吸取營養？這裏面，沒有人付錢或者

收費，完全是人與人的交往。也不會「對口」配對（例如律師對法律學生），否則變為職業輔導，就狹了。結果，「徒弟」高興，「師傅」也高興；還有「師傅」逐年累積「徒弟」的。雙方不必花很多精神與時間，但是這樣的學習，這樣的友誼，無可替代。

近年大學生的海外交換，已成風氣。港大原來要求每一名學生，大學期間，起碼去過一次海外交換，起碼去過一次內地交換。可惜疫情打斷了。其實，社會科學院大概十年前就有了類似的要求，也實施有效。海外交換，是讓學生經歷另外一種文化，知道我們習慣了的，只是局部；原來在有些社會，人們是用另外一種形態生活的，眼界和天地，豁然大開。

大學生經歷，一生難再！

學生也很明白這一點，在美國波士頓教書的時候，遇到一位港大的交換生，他在港大念心理學，到美國卻專門找哲學的名師上課。他說，假如到這裏也是念心理學，與香港差不多，但是心理學往往糾結的「身與心」（生理和心理）問題，卻要求教於哲學。還有其他的海外經歷：有一位學生，二年級的時候，應徵到南美洲一個國家的中學，教授資訊科技，起初一句西班牙語都不懂；一年之後，回來完全變了一個人，立志要到國際機構為發展中國家服務。

沒有以上種種，就不算是大學生活。大學，固然是高濃度地學習知識，但也是無顧慮地廣泛接觸，大膽嘗試，開闊前景的幾年。一生中很難再碰到！在徐立之擔任香港大學校長的年代，所設立的「第一代大學生獎學金」，就是讓弱勢家庭的學生，不致因為經濟拮据而不能經歷這樣的學習。

因此，筆者的思考，大學教育，知識與技能，只是學生學習的一個方面。大學，應該是學生無邊界的學習天地。大學，不應該也不可能瞄準目標模型去塑造學生；而是應該把學生釋放出來，讓他們在浩瀚的大海中游泳，讓他們嘗試，允許他們犯錯，從而鍛煉自己，讓自己在變幻莫測的未來，可以自如地生活。

應該相信，人的思想與品德，是社會的必然，重在經歷。在大學多般經歷，多種鍛煉，才不致狹窄，才有自信，才會有健康的思想與品德，才不會在風浪中被捲跌。

那年，筆者參加北京大學 100 周年校慶，前國家主席江澤民在台上，說了：「要打造一兩所世界一流大學」。從此中國的大學迅速走上國際舞台。那是 1998 年 5 月，所以有「985 工程」，以建設世界一流大學和著名高水準研究型大學為目標。但那背景，是 1989 年以後，對大學生有顧忌，大學發展停滯，甚至一度限制發展（升大學的）普通高中。

一時的社會風浪，百年的樹人大計，孰輕孰重？

（原載《信報》2022 年 12 月 23 日）

文化・制度・國際

2022 年底舉行的田家炳基金 40 首年紀念活動，在一個有 9 位大學的校長或副校長參與的論壇上，主辦者提出的第二條問題：

「身處中西文化交滙、一國兩制的香港，作為國際都會，在愈趨複雜的國際政治環境下，如何培養學生兼具國家文化民族情懷和國際視野，立足國家並放眼世界？」

這個問題好大。要大學校長或副校長來答恐怕不容易。不過也應該是大學的管理層們需要時刻思考的。這個問題，提出了香港的三個背景，也是三個特點：中西文化交滙、一國兩制、國際都會。三者個屬於不同的維度，好像是三維空間的三條座標；但又是互相交叉聯繫的，又像是互相重疊的三個圓圈。

然而，這三個維度，又每一個都含着矛盾：中國傳統文化與西方主流文化（尤其是英語社會的文化）；內地的社會主義制度，與香港的資本主義制度；關注本土、「背靠祖國」與面對國際政治。

筆者不敢冒昧也沒有能力去答這個問題，只是想就這些方面提出一些問題，雖然明知也許會令到問題更難回答。

文化：中西不擋

關於文化，最近聽到港大教育學院新任的院長楊瑞教授，在不同的場合提到香港社會，習慣於中西文化的交叉存在。的確，表面看得到的，香港的聖誕節與春節，同樣熱鬧；香港人的飲食，中西不擋；

香港人有病，中西醫擇善而為⋯⋯（有人會說，中國內地開放改革以後，也差不多）。深層一點，香港人對家庭、宗教、法律等的觀念，對公平、尊卑、長幼、男女的看法，也是華洋混雜——有時候是中西融化，已經沒有人計較其文化界線；有時候是一個光譜，多元共存。

香港人對於文化的共融，其實超越了中與西。其他文化，即使是少數，也很少受到明顯的社會性歧視。這也許並非香港人有什麼超人的量度，而是習慣了華洋雜處，對於文化的多樣，司空見慣。因此，本來應該是文化衝突最尖銳的一個地方，反而大家對於文化上的差異，習以為常。造就了一塊文化共融的福地。

香港回歸初期，有一說：「政權回歸了，下一步是文化回歸！」隱涵：香港的文化是異族文化，不容於中國文化！背後呼之欲出的是：香港的文化，是殖民地文化！也就是說，香港的文化是「壞」文化，非要改造不可。這是不明白文化的多元共存，是一種珍貴的社會資源，許多國家求索而未得。相反，把本族群文化看成是絕對的優越，對其他看不慣的文化，一律否定、排斥，其實是一種沒有見過世面的愚昧。

最近又聽到兩種說法。一曰：香港可以發展出超越中西的文化，隱涵着目前的中西融合，不是一種穩定狀態。一曰：香港文化之不穩定，就是一種動態的穩定，而且還會不斷演變。

無論如何，文化的演變，雖然衍生於人類社會，但卻是長期的發展所致，而不是任何個人甚至任何政府，可以用任何方式在一兩代人裏面可以改變的。

關於制度。一個經過幾百年而凝成的資本主義制度，與一個比較年輕但又正在經歷錘煉的社會主義制度，一小一大，合成一個政治共同體，的確是史無前例。看來，原來鄧小平的設計，就是要保持兩個制度的相異，那又是史無前例的矛盾。經常有引用「河水」與「井水」的比喻，但是在「犯」字上面着眼。看來這不應該是一國兩制設計的原旨。

情懷：感同身受

香港這個制度的存在，香港沒有在 1949 年連同其他列強「租界」一起收回，香港沒有在 1967 年文革高峰「粉碎港英反動統治」的口號下「解放」，看來是 1949 年之後一直以來的國策；而且奇妙的是，這項國策並沒有因為內地的歷次極左思潮而崩潰。可以說是「風雨不改」的國策。

但是，在中國不同的時期，對於「一國兩制」的理解和闡述，會有變化。其中一點也許是最重要的，是如何理解「制度」。理解的起點，是經濟制度。1980 年代初開始的開放改革，市場經濟在內地的引入，中國加入世貿，中國出現股票、房地產的投資，在在都在香港得到借鑑。

理解的第二步，是政治制度。經濟制度，必然需要政治制度的支撐。中國的開放改革，可以讓中國的經濟融入世界市場，但不足以出現後來的基建、科技、反貪、滅貧那些國內的巨大變化。外國人看中國政府，忽略了中國是一個組織性異常強勁的社會；這背後有散布全國的共產黨組織。最近常聽人引述，中共有 9 千多萬黨員，不計兒童，大概 10 個人裏面就有一名黨員，那已經不是斯大林模式的少數精英統治，而變成是推動國家發展的基礎力量。

就一國兩制來說，香港沒有可能有內地這樣的社會組織。因此也不可能有這種大面積的群體效率。與中國的制度比較，香港有了許多資本主義社會的優勢，但也帶上了不少資本主義社會共同的弱點。不認識兩個社會制度之間的分別，就會引起上述文化上的互相誤會。

在香港的年輕學生來說，沒有經歷過內地這種組織性強的社會生活，就難以理解內地發生的種種社會現象。筆者仍然相信，「存在決定意識」。用今天學習科學的理念說，就是「人的經歷，決定人的思想」。在田家炳的紀念會上，幾位校長介紹了他們校內的「認識中國」的課程，也有組織學生「參觀」、「考察」。這些都是需要的，可以讓學生對中國有基本的知識。但說到要培養家國情懷，卻是不充分的。

筆者在會上提出，最關鍵的，是讓學生在內地生活一段時間，即使是一兩周、一兩個月，讓他們感受到人民真正的生活。「情懷」的發生，在於「感同身受」。會上港大前副校長李焯芬教授也舉了他的學生在三峽實習的過程，碰上大水災，結果港大學生主動組織救援賑災。「情懷」，在於情感的觸動。

國際：不避混雜

關於國際視野。上面提到香港這一制的存在，核心在於香港是中國國土上國際化最強的城市。這個城市的國際性得以存在與發揮，恰恰就在於上述的制度與文化。由於香港是資本主義制度，她就可以與其他的資本主義發達經濟溝通無阻——商業、金融、物流……但是資本主義的經濟，必然出現資本主義的社會，這就讓香港可以在文化、學術、宗教、醫療……等等方面，與其他相類似的社會暢通無阻。這些，香港一直都做到了。

但是，這就難免在意識形態方面，香港要容忍多元的局面。如何在意識形態的領域內，能夠分清差異與敵意，也許甚為重要。香港要成為一個國際都市，就要準備有多元的意識形態，也就是要容忍與內地相異的意識形態。甚至進一步，在法治的前提下，讓香港成為一個龍蛇混雜的社會，可以在這裏窺見世界各地的複雜情景。但是這，有需要把外國的政府，與他們的人民區別開來。像在學術界，儘管政府之間敵意甚濃，但是學者之間仍然自由來往，最好的情況，可以暢所欲言。

　　香港要達到這樣的境界，就要我們的下一代，有這樣的自信，有這樣的能力。不只是有國際視野，而且能夠遊走於國際。香港的過去，不正是這樣嗎？

　　　　　　　　　　　（原載《信報》2022 年 12 月 30 日）

大學與全人發展

大學教育資助委員會（UGC）2023 年在新春推出「全人發展基金」，這是兔年 UGC 送出的吉祥厚禮。可喜可賀！

UGC 的公布，說這是呼應「本地及全球近期高等教育發展的趨勢」。有對的一面，即大學生活，已經不限於知識與技能的傳授。但也有比現實較為樂觀的一面，環顧全球，戰爭的干擾與威脅、經濟不景對大學財政與畢業生就業的影響、極端的意識形態與各類政治正確思潮的騷擾、再加上病毒的無情打擊，都令到各地的高等教育經常處於不安。至今擁有高等教育最大優勢的美國，假如看看總部位於美國華盛頓的《高等教育日報》（*Higher Education Chronicle*），遍布的是校長因為種族問題而下台、學者因為語言不慎而受到攻擊或者解職、再就是對於現狀的不滿與質疑。能夠提出「全人發展」這樣的正向的、進取的、前瞻的呼籲，在全球來說，實在是難能可貴。也足以說明香港奔向世界前沿的魄力不減不弱。

讀者或者會不解，明明是基金，為什麼說是呼籲？筆者認為，幾千萬港幣，對大學來說，不是一個大數目，況且是八所大學。但是這筆基金帶出來的訊息，卻可以引發高等教育的重大變化。這情形，有點像世紀初 UGC 為了鼓勵民間捐贈，發放給每一所大學 500 萬元，鼓勵設立發展捐贈的機制；就引來了後來的向大學捐贈的全社會風氣。算是四両撥千斤的妙着。這次有點類似，是否真的帶來重大變化，拭目以待。

為什麼「全人發展」如此重要？「全人發展」不是什麼新名詞。但是在高等教育來說，專業人才的培養，仍然是主導思想。這裏，恕筆者再重複一個故事：多年前在東京一個工業教育的會上，英國帝國

學院的工程學院院長，抱怨只有 81% 的一年級學生打算當工程師；四年級學生更糟，只有 44% 打算當工程師；他感到很懊惱。同場的美國麻省工學院（MIT）工程學院院長，卻不以為然，他的畢業生遍布各行各業，「正好說明我們教育很成功，我們的畢業生無論到什麼崗位都可以出眾」。他又補充：「不過，最好的工程師，仍然是 MIT 畢業生。」

社會現實與對口就業

這可以說代表着兩種教育觀，也可以說是兩個時代的「培養觀」。傳統的工業社會理念，大學培養的就是「對口就業」的畢業生；而畢業生，拿着一紙文憑，就可以在一個行業裏一世無憂。的確，以往很多年，很多大學都用「對口就業」的百分比，作為各個專業的業績指標，意思是不對口就業，就是浪費。至今還有不少人不假思索地認為對口就業才是健康正常的。其實，UGC 早就不再使用這個指標。

在後工業時代的今天，不對口就業的因素多得很——中學畢業選科的時候，對專業認識不足；大學期間有了新的閱歷，志趣發生變化；大學四年，該行業本身發生了變化；畢業時又出現了許多新的行業，又或者有引人的創業機會；等等。其實，即使第一次就業「對口」，轉工轉行已是家常便飯。試想一下，即使是我們 20 世紀長大的，又有多少人是從一而終從事一個行業、穩守一個職位的？

但是，工業社會的「培養觀」，仍然是不少人深信不疑的。也不是沒有突破，有西方學者，提議大學要培養適應性能力（adaptability）；中國內地，也有提倡要培養「綜合性人才」。這些，基本上都還是「人才」觀點，就是為了經濟的發展，或者個人的就業，

必須配合社會的「人才」需要。於是，教育的功能，就是把「人」轉化為「人才」，或曰「人力資源」。

教育要不要培養人才？當然要。但是，先要問幾個問題。第一，知識與技能的高材生，就是人才？現在人們逐漸認識到，「懂得什麼」（例如考試成績好）還不算數，「懂得做什麼」才算是掌握了知識與技能。第二、掌握了知識與技能，就是人才？現在人們逐漸覺得，有了知識與技能，還要懂得處世與自處。處世，包括懂得合作、忍讓、包容、責任、關愛等等；自處，包括謙虛、自省、計劃、自保……第三、有了以上，就是人才？有了以上，不也可以是一個危害社會的壞蛋？因此還有「為己」與「為他」的價值觀差異，也許是更為重要的「人才」要素。只顧自己，不顧他人；埋頭私利，不作貢獻；只講權利，不講義務……算不算人才？

人的成長與人才培養

以上都還是圍繞着「人才」這個軸心而轉圈。也就是只看到「人」在工作上的表現。工作，也就是人的經濟生活，當然是人類生活的重要部分。但是，人的生活，還包括家庭生活、文化生活、政治生活、靈性生活、餘暇生活……都是人人或多或少無法避免的，但都是「工作」（經濟生活）以外的生活。那麼，還有退休生活、嚴重殘疾的生活，都可以是「不事生產」的生活。這些，似乎都無法用「人才」這個概念來包含。但是，是否屬於教育關注的範疇？

最近在內地一個研討會上，筆者提出，也許應該把「人」放在教育的核心，而跳出「人才」的框框。台下有人問，「教育很難擺脫人才這個目標。」筆者的答案：不是要擺脫「人才」。但是，從「人」

的角度看「人才」，與從「人才」的角度看「人」，很不一樣。培養了優秀的人，就不愁沒有人才。但是若埋頭製造「人才」，就很容易把人看成都只是某種勞動力，結果社會也不會昌盛。

以上只是討論了「全人發展」的時代意義。UGC 通告裏面提到的四個方面，可以說是涵蓋了「全人發展」的主要方面：1. 透過服務學習培養同情心及同理心兼備的領導才幹；2. 培養更強的社會責任感和良好的公民意識；3. 推廣正向教育及心理健康；4. 激發求知慾、創意及終身自我提升的動力。這裏面假設了知識與技能已是不在話下。

但是在高等教育，如何才算是促進了「全人發展」，那又是另一個議題。以筆者的經歷，與基礎教育不一樣，高等教育的「全人發展」，大部分不是由學校去設計，而是提供空間與資源，讓學生自己去體驗，往往甚至是學生自己去創造機會。

學校項目與學生主導

與以前不一樣，很多學生在畢業以前，已經進入社會。且不說即使是課內的學習，往往已經包含實習與見習，社會調查與體驗。許多學生在學的時候，已經從事社區服務、發表、演出、投資、創業、成為網紅……他們有時候並不需要學校的資源與安排。但是學生的國際交流、內地體驗、師友交流，則需要學校的資源或安排。

不要小看大學生的校內生活。大學裏面有很多活動，都是通過學生組織發生的，其種類之多元、組織之健全、影響之深遠，往往不輕易被人們認識。學生在這些組織裏面的學習，是全面的群體生活體驗；有組織的宿舍生活，更是如此，很難有其他的經歷可以替代。這些都

是「全人發展」的重要環節。

　　UGC 的文告裏，是邀請院校提出「項目」申請資金。如上所述，其實大學生的「全人發展」，並不一定是大學的項目。更重要的是空間、支持、概念。翻看英文原文，院校申請的是 initiatives（倡議），與「項目」的意思，並不一樣。若真的建立惠及學生的「項目」，則每所大學分得的區區數百萬，又不敷需求。

　　想來想去，也許最有效地使用這筆資金，是在大學設立一個中央機制，統籌與「全人發展」有關而散落在各個部門的力量，用「全人發展」的視角審視全校的生活，把「全人發展」扶到舞台的中央。不過，也許因為基金數目不大，有些院校可能不屑一顧，又或者隨便要一個部門弄一個小項目敷衍敷衍，也不奇怪。但都辜負了 UGC 這個 initiative！

（原載《信報》2023 年 02 月 03 日）

香港高等教育的前景

　　上文談及大學教育資助委員會（UGC）發放給各公立大學「全人發展」的資助。另一樁也許沒有引起太大注意的，是三所自資大學的內地學生名額，從全校的 10%，增加到 20%。其實，即使是政府資助的八所大學，他們的收生，非本地學生也限在 20%，不過有些院校有需要可以增到 25%。

　　這裏有不少環節，需要說明，也值得探索。首先，招收非本地生，是上世紀末才成為議題。筆者當年作為學生宿舍舍監的經歷，大學裏面，研究生來自海外，從來都有，不過最近這二十年左右，劇增。本科生，來自海外的，以前極少，近年愈來愈多；只是疫情打斷了。

　　內地生來港，因為有簽證的元素，所以有賴國家政策。1998 年是第一批內地生來港。印象中頭幾年每家院校只有幾十名。手頭一張照片，是港大管理層趁在上海開會，會見上海 10 名將到港大的學生（見文末附圖）。當時因為港大是三年制，他們先在內地大學念一年，然後進港大一年級。據他們回憶，到港大的，復旦之外，清華大學 10 名、南京大學 10 名。這批學生，現在是遍布全球的精英。

　　那是香港回歸初期興高采烈的事。之後的二十多年，內地生來港的愈來愈多。香港的社情也逐漸有了變化。本土情緒逐漸上升。有一種聲音，認為大學收取外地生，是與本地學生「搶資源」。回想起來，有點奇怪，外國學生來港，為什麼沒有絲毫抗拒，內地生來港，卻當成是衝突？

外地學生：搶資源？

但是，這種聲音，已經逐漸滲入政府的決策意識。於是有了每家院校收取外地生不得超過 20% 的規定。這些學生算是額外，需要院校自籌經費（也的確籌得不少的捐助）。恐怕也是「搶資源」的想法。有個說法，公立大學的資源，公帑來自納稅人的錢，「肥水不流他人田」。也的確有不少國家，外國學生與本國學生（在美國，甚至是本州與他州），收費都不一樣。即使自費，很多人也明白，到香港念大學，其實還享受着許多無形的資源，不是收費可以覆蓋的。

這些非本地學生，在許多香港的大學，主要是內地生（哈！外地生 = 內地生！）。實際上，中國如此之大，成績優異的學生如此之多，區區幾千個學位，很快飽和。因為這個原因，為了讓出學位給外國學生，香港大學把這 20%，大約 600 人，分為兩半，一半內地，一半外國。相信其他的大學，也會有相似的打算。（疫情之下，外國學生難以入境，人數驟減，不過也許很快會回升；因為美國限制中國學生入境，到香港的內地學生反而數目上升；來自印度的學生近年大增，那是全球趨勢。）

於是要問：我們對於外地的學生數目耿耿於懷，是為什麼？很多國家，還在努力吸引更多的外國學生，唯恐門打得不夠開；為什麼我們香港卻擔心，門打得太開？

這也許是一個心態問題，也是香港人對於香港的定位問題。不是說，香港是一個國際城市嗎？什麼意思？一直以來，只聽到說香港是金融中心。現在又有說是物流中心，還有說要建立創科中心。都是經濟性的話語。環顧世界上國際城市，就是經濟中心嗎？就拿我們經常相提並列的倫敦與紐約。他們既是金融中心，也是文化中心、醫療中心，更是學術中心。到處是著名的博物館、醫院、大學。而必須知道，

這些博物館、醫院、大學，並非專門只為倫敦或者紐約的市民服務。國際城市，就是因為受到各地資源的滋潤，因而有充分的能量，建設種種最高水平的基地，把各類的資源輻射到全國以致全世界。這也是國際城市的義務與責任。只知道要吸取人家的資金，純粹是「有益於我」的目標，而不講究對地區、國家、世界的貢獻，如何稱得上是國際城市？

市內大學：為本地？

統計一下，倫敦有 36 所大學（含分校）與 66 所各類高等院校，紐約有 110 所大學（含分校）。他們的學生來自世界各地，畢業生也是遍布全球。香港則只有 8 家公立大學，以及寥寥可數的自資院校。前述的思路，根本上假設香港的大學，就是為香港服務的。學生，為了香港人入學；畢業生，服務香港社會。

其實，大城市都會有比較多的大學，最近的數字，北京 93 所、上海 64 所、東京 114 所。學生來自全國，畢業生遍布全國。那才是大城市的格局！筆者比較熟悉的美國波士頓，不是頂級的金融中心，卻有 35 所大學，包括哈佛大學、麻省理工、波士頓學院，她的博物館全球聞名，而麻省總醫院，更是聞名全球的醫療樞紐。她的學生，來自全世界；她的畢業生，也遍布全世界。

那又如何？政府曾向 UGC 提出的 2023 至 25 三年期策略方針，第一條就是：「大學應以大膽創新的策略性思維制定更長遠周期的發展策略。」UGC 的撥款周期是 3 年，這個呼籲是提醒大學要超越短期的 3 年計劃，制定長遠發展策略。這裏就大膽提出三個方面。

　　一、政府也提出：考慮粵港澳大灣區發展迎來的機遇。筆者在回歸初期，就向當時的中央政策組提出過，中國的高等教育格局，北面有以北京、天津、大連為重點的黃渤區樞紐；東面有以上海、南京、杭州為重點的長江口樞紐（也可加上武漢，成為長江流域樞紐）。唯獨南面還需建設，但是若加上香港，就可以形成大灣區樞紐。（當年還沒有大灣區這個提法。）

　　這個南方樞紐，可以把香港富有國際盛名的大學，與深圳、廣州、澳門有潛力的大學，結成聯盟，長短互補。從科技來說，可以把香港具有的優勢，擴大深圳的創科與一條龍優勢，形成創科的大基地。社會科學、人文學科，則可以利用香港的國際網絡、學術前沿，輔以大灣區擁有的大數據潛力，產生突破性的新局面。

　　二、按以上所述，大灣區的大學，形成一個學術上的層次梯隊，可以面對大灣區上千萬的學生群體，讓他們有更現實有更有希望的選擇。也就是說，現在香港的大學，處於一個學術金字塔的上端，但是面對的是香港正態分布的學生。與大灣區聯盟，就形成了一個完整的學術金字塔，正好面對一個大範圍的學生正態分布。

發展使命：大灣區？

　　三、香港高等教育更大的使命，是向國際發展。政府的幾點策略，沒有提到這點，假如大學完全按照政府提出的幾點，只是埋頭「融入」大灣區，可能蘊藏着極大的危機：忘記了香港的國際使命，也失去了「一國兩制」存在的價值。

　　香港的大學，國際性甚高。最近有國際比較，論國際性，香港大學名列全球第一。科技大學也曾經是新興大學中全球國際性最高的。

數年前，港大的學者，來自 70 多個國家，學生來自 80 多個國家。筆者常介紹，所在的一層樓，15 位同事，除了香港外，分屬 10 個國家（中國、美國、英國、南韓、印度、新加坡、葡萄牙、格魯吉亞），而且不少年紀不大，就頗負盛名，例如主持重要的學刊編輯。其他香港的大學，也有大量的外籍學者，而不限於常見的歐美國家，但都不乏出類拔萃的、國際知名的學者。

這也是由於大學的招聘制度，沒有國籍的界限。比如說，本地的學者，不會因為本地人而歧視外地人，也不會因為優惠本地人而暗地自卑。這與美國大學近年頻頻因為種族爭端而出事，不可同日而語。

側重美國、英國、加拿大、澳洲，仍然是一些本地大學的傾向。而沒有看到，還有更大的地域，在等待我們的開發。例如近年經濟發展最快的東南亞，又例如急於尋找發展方向的中亞，還有正在發展新夥伴的阿拉伯國家，其實都應該都是發展香港高等教育的廣闊園地，包括招聘與招生。

（原載《信報》2023 年 02 月 10 日）

前排左起：王于漸、韋永庚、程介明、鄭耀宗、徐詠璇、梁錦松。

（作者提供圖片）

香港高等教育之國際化

上文談及國際城市的高等教育，收生和畢業生都基本上不可能完全本地化。其基本的理念，大學不可能為本地而辦學。無論是中國內地、北京、上海、東京、台北，甚至澳門，都不可能完全為本地服務。環顧全球，這幾乎是一個普遍現象。而獨香港比較特殊，以為本地的大學，就是為香港服務的大學。以下就筆者的了解，掃描一下幾個方面。各所大學會略有不同，下面大致以筆者熟悉的香港大學作為藍本。

一是本科收生。招收外地生，政府雖然給了 20%（有需要可以提升為 25%）的招生額外學位，但是需要大學支持經費，需要募捐。但也有學生願意支付全額經費。

內地到香港念本科的，可以說是外地學生的大多數。疫情之下，更是如此。2019 年的社會事件，之後三年的疫情，各校去年的招生，內地學生似乎有增無減。這是一個非常值得研究的課題。今後如何，還要看，內地來港的，也許會繼續有增加，特別是美國大幅度限制中國學生簽證，令香港變成了內地生留學首選。

西方媒體對香港的負面報道，卻會對其他國家學生來港的意欲減弱。筆者熟悉的朋友，至今還有不少認為香港在水深火熱之中，是個很不安全、不正常的地方。但是一些「一帶一路」國家的學生，他們受西方媒體的影響不大，也許會維持來港的勢頭，尤其是工程（都是本科開始）。問題是，香港的大學是否歡迎他們。香港的醫科，其實實力雄厚，吸引力很大；但是原則上要懂廣東話，排斥了許多人（但是也有例外，港大醫學院就有一位教員，雲南人，當年以高考狀元入讀醫學本科，如今操非常流利粵語）。

就以筆者熟悉的香港大學來說，疫情之前，由一位副校長級別的管理層人員，帶領一個隊伍，走遍全球各地招生，筆者在南美的墨西哥、東歐的拉脫維亞，都感到他們的足跡，可見覆蓋很多國家。那位管理層曾經說，能招到一名學生，也是一種成果；即使一名都收不到，起碼讓他們知道香港有這麼一所大學。現在想起來，這應該是大學國際化的胸襟。

本科外地生：內地為主

二是交換生。不要忘記，在正常情況下，校園裏還會有不少的交換生。他們是本港大學與外地大學交換的短期學生。疫情前，香港大學要求每一名學生，四年裏，要有起碼一個學期在內地，一個學期在外國；大多通過交換計劃，也大多數互免學費。到過外地生活，體驗異地文化，往往成為終生難忘的經歷。因此也有相當數量的外地學生在香港的大學校園做短期的訪問。這是大學國際化一個不可或缺的部分。最近十多年，全球興起大學生交換，也是全球化一個非常正面的影響。交換生的資助，需要大學募捐。

三是本科畢業生。外地來的學生，是否畢業後就希望他們留在香港工作？這本來是一個很簡單的問題，畢業生來去自由就是了。的確，畢業生要往哪裏去，往往不是我們決定的。香港對外地來港的畢業生，有一年的延長簽證，可以在本地找工作；應該看成是給予機會，而不是簡單的吸引人才。

就以歷年從內地來香港就讀大學的本科生而言，大概有四條去路：留在香港工作、在香港繼續深造、回到內地發展、到國外升學。到內地深造的不太多，本科畢業就到外國工作的，絕無僅有。這種多元的

去路，又會隨着形勢的變化而變化。比如說，隨着內地的政策變化，香港畢業的本科生，回內地發展的畢業生就會有起落。

外國來的畢業生，則也是留港工作、留港深造、回國、外國深造四種去路，以國家背景不同而不同。近年也有來自中亞或者東南亞的學生，留在香港工作甚至創業的。今後如何，還看不清楚。他們一般不太注意香港的政治情況，更多的是看本身的發展前途。

外地研究生：來去自由

四是研究生收生。香港的大學，研究生的比例，愈來愈高。研究生分為兩層：碩士與博士。碩士原來或則是專業的業餘進修，或則是學術研究的初階；近年由於政府允許「授課式」課程（有別於以研究為主的哲學碩士）收費，因此各校也收了不少來自內地的全職碩士生。他們之中，相當多是把碩士看成是走向博士的前奏。

博士則完全是學術研究，這方面香港是頗有吸引力的博士進修地。也有要求頗高的專業博士，例如 EdD（教育）、JD（法律），但學生大多數是在職的專業人士。就筆者接觸的港大博士生，就教育學院而言，大約 300 名博士生，疫情之後，大概 80% 來自內地，其他的來源就遍布世界各大洲。他們之中，一部分有政府的助學金，除了應付生活，還有到外地參加會議等等的津貼；從待遇來說，算是非常寬裕；對外地學生非常有吸引力。其他，相當多靠教員的研究項目經費支持，待遇與政府助學金相若。也有完全自費的。

五是研究生畢業生。這是最引起筆者注意的，尤其是博士畢業生，因為這才真正說明香港教育的影響。就筆者熟悉的教育學院，博士畢業生到內地工作的很多，香港大學與中文大學，近年的教育大學，博

士畢業生可以說遍布全國。早年畢業的，很多成為學術翹楚，成為內地教育學院或者教育研究機構的骨幹成員，有些成為單位管理層，有些已經退休。也有由於香港的經歷，承擔很多國際項目，在國際網絡擔任主要角色，等等。偶爾還有外國來港的畢業生，到內地的大學工作。

近年教育博士畢業生甚多，也有不少留在香港的大學從事學術工作。也有不少去了澳門。大灣區出現不少相當進取的大學，也吸收了不少香港的教育博士生。

外國來的博士畢業生，有些回國成為學術骨幹，有一位回到坦桑尼亞，成為該國的幼兒教育領軍人物（還是男性呢）。另外一些到了外國，一位來自巴基斯坦，剛畢業就被英國的布里斯托大學（University of Bristol）招聘去了。

博士畢業生：影響深廣

教育以外的博士畢業生，出路就更廣了。學科學與工程的，不管是回內地，還是到國外，不愁沒有發揮餘地。香港的聲譽很不錯。大家都知道，以無人飛行器出名的「大疆」，創辦人就是香港科技大學的畢業生。筆者當舍監時的一位宿生，港大本科畢業，到理工大學讀博士，論文答辯的時候被考試官看中，立時被邀到英國做博士後，現在學術上已經是出類拔萃。

社會科學與人文學科也頗見影響。一位筆者熟悉的、來自非洲肯尼亞的法律博士生，在港大的時候，已經組織香港各大學的學生，到他家鄉的村落扶貧。畢業回國後，在大學任職，成立了一個扶貧基金，組織了民間組織。

以上只是聊舉數例，限於學生的狀況。還有許多例子，筆者知道，但是不詳細確實，沒有寫。更多更多是筆者不知道的。對於其他大學的情形，知道的更少。

筆者由於當過 18 年的大學宿舍舍監，10 年的賓館（柏立基學院）院長（裏面有獲得獎學金的太古學者，都是博士生），因此略知大學各類畢業生的去向。只是覺得，香港這個城市的國際性，大學是一個重要「陣地」。香港能夠有相當規模的外地學生，應該珍惜，即使將來不繼續留在香港，他們也是香港的親戚，非常寶貴的親戚。香港給他們的是怎樣的經歷，至為重要！

由於種種原因，香港是一個難得的學術大窗口。除了有廣納人才的傳統（學者的國際化，本文不及介紹），也有向世界各地輻射性地培養人才的優勢。放在這樣的視野，香港作為一個國際城市，假如把大學看成是純粹為香港服務，就是自貶身價；若果真按此制定政策，就是自廢武功。

（原載《信報》2023 年 02 月 17 日）

香港高等教育：如何定位？

上文已探討過國際城市的高等教育，在香港而言，有一個高等教育的定位問題。前文談到香港的高等教育應該歡迎世界各地的學生，也應該因為畢業生的散布世界各地而高興。有朋友問，那會不會變成不問來歷而濫收呢？

這個問題，混淆了學生的來歷與學生的潛能。高等教育，特別是大學，不像基礎教育，難免要「得天下之英才而教育之」，也就是收生有一定的門檻。除了學術程度的高低，還有專業的配對因素（例如牙醫、建築）。那是講學生的潛能。即使是潛能，本科生的錄取，與研究生的錄取，也會很不一樣。

先講本科生。目前香港的院校，在內地招生，主要看高考成績，再根據具體情況給予加分，再加上口試表現。各院校略有不同。對內地中學畢業生，香港的大學是有吸引力的。經過 20 多年的經驗，香港的院校對他們潛能的鑑定，基本上有一個比較容易明確的準則。

對於外地來的學生，若是 IB（International Baccalaureate，國際教育證書），或者是英國、美國、澳洲、加拿大這些香港熟悉的英語國家（如 AL、SAT 等等），香港的院校比較熟悉。或者偶爾遇上德國的 Arbitur 或法國的 Baccalaureate，香港的院校都有比較方便的程度對照，但是這些地方來香港念本科的，極少。

其他地方來報考的學生，就不能只看來歷，如何錄取，需要有關的院校下一點工夫，假如這些院校有了錄取這些地方學生的經驗，就會逐漸摸索出一套辦法。比如說，前文提過的，工程，是許多專業中

少數從本科開始的，香港就有不少錄取南亞、東南亞、非洲學生的經驗。

本科收生，只看來歷？

就全香港來說，本科生除了中國內地，錄取外地的學生還是不算很多，他們在院校之間的分布也很不均勻。拓寬生源，拓寬地域來源，也許是香港院校努力的方向。其中比較奇怪的，東南亞的華人學生來香港的也很少。台灣，有不少優秀的中學，畢業生來香港的極少。馬來西亞，有水平不錯的獨立中文中學，在本地升學不太容易；他們的畢業生，不少到新加坡、台灣，當然也有少數到英、美的。為什麼極少來香港的大學？

還有，不少因為戰亂離開本國求學的穆斯林學生（北非、中東），他們到了同樣是回教而不涉戰火的馬來西亞、印尼，香港各院校也收了不少外來的穆斯林學生，其實也有適應他們宗教風俗的設施，完全可以進一步向他們的高材生開放。

這裏面有一個問題，假如完全看來歷，就會習慣於我們熟悉的發達國家，盲目地把眼光局限在我們看到的國家，大多是極少本科生來港的發達西方國家。也就是沒有認真的收生策略。

這種情況，在研究生的取錄，也許更值得注意。由於香港的研究實力不弱，可以吸引不少即使是發達國家的學生報考。現在有一種傾向，研究生的錄取，瞄準美國常春藤或者英國牛津劍橋的畢業生。或者是中國北大清華的畢業生。這些學校的畢業生固然會有較強的學術基礎，但是卻也許是失去了許多其他來源的、有潛能的學生。

這方面，自然科學及工程的研究生，跟社會科學及人文學科的研究生，也許會不一樣。自然科學與工程的研究，研究方向比較明確，理論的框架也是預設；也有很多是在院校原有的項目裏面從事研究，因此比較容易定下錄取的準則。報讀學生的來歷，也許關係不大。把學生來歷作為準則，其實沒有必要，或者說是對於名牌大學的迷信；對於其他地方或者大學來的學生，是一種沒有理由的歧視。

博士培養，澤及四方！

社會科學或者人文學科則難以有預設的錄取準則。研究的方向，中途變卦是常有的事。同樣的研究課題，可以有很多的角度去從事研究，不容易一開始就決定。就以筆者熟悉的教育研究，往往是在學生修課以後，有了基本的學術準備，才開題，也就是決定研究的方向與方法。社會科學或者人文學科的研究，往往又帶有報讀學生的文化背景，需要他們逐漸融入國際上可以接受的研究範式。在這方面，社會科學及人文學科，對於發展中國家來的學生，其實更為有利，因為有一個研究的預備過程。就筆者的經驗，不少學生在經過有關理論的探索，和熟悉了研究方法的嚴謹性，可以做出非常出眾的研究成果。

港大教育學院院長楊銳教授，就是在 1980 年代，接受田家炳基金的資助，作為年輕學者，到港大進行短期進修，從零開始，知道學術研究的基本，走上學術的道路，後來在澳洲當了多年教授。這樣的例子，發生在很多研究生的身上。香港院校的博士畢業生，在內地擔任學術要職的，比比皆是，但是很多都不是所謂名牌大學念本科的。

發展中國家來港的研究生，畢業回國後更有很多成為本國的學術領袖。看不起這些國家的大學，看不起這些國家希望來港的研究生，

把自己關在「名牌大學」與「發達國家」的俱樂部裏,「圍爐取暖」,就會看不到香港的高等教育可以為世界作出的貢獻。排名高企,又如何?我們常常期望我們的學生以貢獻社會為己任;我們的院校是否也應該以貢獻世界為己任?

絕對不是不稀罕大學排名。對香港的院校來說,排名高企,不在話下。香港的院校專門把爬高名次作為目標的,概有之矣,吾未之聞也!不在話下,就是說,香港的院校還有很多優勢可以發揮,還可以在許多方面對社會、對國家、對世界做出貢獻;而不必牽掛排名。

有時候,並非院校刻意去爭取排名,但是卻想當然地按照排名背後的目標來指揮院校的發展。最突出的就是只看論文的發表。有時候是只看論文的數目,有時候是純粹只按照「引用率」、「影響因子」這些學術界「圍爐取暖」的指標來決定學者的前途。筆者認為,「引用率」、「影響因子」都應該是不在話下的目標。但是,是否真的在學術上有貢獻、有突破?是否對世界有貢獻?是否對周圍的社會有貢獻?這些指標不會告訴我們。

高教定位,誰來評說?

這裏可以引出幾個問題。一、不看這些「硬指標」,看什麼?提出這個問題,不是為這些硬指標護航,而是促使我們想一想,學術生活,就是為指標而活?就是這樣嗎?指標之上的目標,是哪些?二、深一層的問題,從辦學的角度看,大學到底怎樣才算辦得好?或者說,領導一所大學,到底為了什麼?三、從全香港的體系來說,有了排名高的大學,就是高等教育目的達到?香港的高教體系,到底有什麼目標?四、香港的高教體系,應該如何定位?在全國、本地區、全世界,如何定位?

最後這個問題，是一個關鍵。以往，社會發展緩慢，屬於穩定狀態（steady state），高等教育沒有定位問題，也就是在大致不變的社會中，放心研究如何辦得更好，如何管治。UGC 於 1999 年發布俗稱宋達能報告（Sutherland Report）的高等教育報告書，以「與時並進」為題，在當時來說已是非常進取。今天，社會變得很快，世界變得很快，就要想一想，香港的高等教育，往何處去？也就是定位問題。

　　如何定位？誰來定位？UGC 本來承擔向政府出謀獻策，成員大都是外國大學的管理層，他們也許可以提出管治大學的良策。但是有關整個高教大體系的走向，誰來決定？更不用說香港「一國兩制」的特殊情形，要兼顧國內的發展與國際的挑戰。香港以外，誰人能予評說？

（原載《信報》2023 年 02 月 24 日）

向青年學習

　　青年代表未來，也就是說，世界終究是他們的。我們年紀稍長的，總要讓位給他們。我們年紀稍長的，容易看到我們習慣了的，容易按照我們的經歷而思考，但是我們的經歷往往只代表過去；即使是現在，也已經很不一樣，未來更加會很不一樣。而青年，他們經歷的是現在，他們看到的、經歷的，往往我們看不到。他們對於未來，比我們敏感。也就是說，假如要探索未來，我們要向青年學習。

　　向青年人學習？對很多人來說，是一句頗為陌生的話，也是不容易想得通的話。中國的傳統，總是青年人接受年長的教育、教誨，甚至教訓。青年人缺乏經驗，因此容易不成熟、不穩定、不專心、不穩重，沒有年長的幫助，他們又如何會成熟起來？這樣的想法，也不是沒有道理。的確，人類的發展，主要靠生活和思想的傳承。假如只是依靠每一代人從零開始的摸索，人類也許仍然生活在原始時代。但也許只是道理的一半。

　　道理的另一半，青年的生活，也許與我們年長所經歷的不一樣。不同的經歷，是由於不同的環境，因而過着不同的生活，也會衍生出不同的思想。這裏說「也許」，是謹慎之詞。我是在最近幾年，才實實在在感覺到，今天的青年，是很不一樣的一代。

　　現在一提到青年，人們往往很自然就想到「人才」。我對此感到不太舒服。「人才」，畢竟往往是經濟話語，與勞動力、經濟發展、國際競爭力，是連在一起的概念。不過，我也知道，至今，世界上極少政府，能夠離開「人才」來考慮教育的發展與政策。在我們的社會，家長也往往把「讀書」（學校生活）與孩子將來的「職業」連在一起。

這裏就不怕庸俗，把「職業」作為切入點，探討一下今天的青年，有什麼特點。

時移世易：新的工作形態

為了比較準確地討論，我把「職業」擴大為「工作形態」。英文是 workplace，我不太用「職場」這個直譯，因為「工作」（work）不等於「職業」，workplace 也並非具體的「場」。

世紀之交，參與了當年香港的教育改革。我們改革的根本理由，是「社會變了！」到底社會怎樣變了？其實不甚了了。說得不好聽，有點人云亦云。於是開始注意教育以外的世界。

開始是注意社會上工作形態的變化，也因此注意到這些變化後面的原因。簡單來說，工業社會高峰時期的大規模生產，已經被所謂「少量多款」（less of more）所取代；產品和服務，講究的是個人化、個性化、量身訂造。生產與服務，相當一大部分，不是為了滿足需要，而是營造消費的慾望，因此要不斷創新，研製新的產品，開闢新的市場。這種趨勢，已經是不可逆轉。

我的一位學生，1980 年代在深圳開設包裝用的紙盒廠。開始時是家用電器，例如電飯煲，就只有一個型號，一種包裝；一種紙盒設計，可以生產過百萬，半年不必改動；因此廠內絕大部分員工都是操作性的勞工。這些比較原始的生產，後來都搬遷到成本較低的地方去了。他這個廠幸運地為名牌的手提電腦生產包裝紙盒，但是型號很多，又多變，然而每個型號生產數量很少，真個是「少量多款」。於是廠內的人員，分成設計、營銷、生產三個大部門，而生產部門，基本上全部自動化。人員的教育程度，完全不一樣。

向青年學習

265

因為大規模生產不再是常規，大規模的、分科分層的大型科層結構，逐漸讓位予小的、扁的、鬆的小型組織。在香港，也可以看到，2021 年，小單位佔了大多數：接近 37 萬個商業註冊中，20 人以下的小單位佔了 95%，10 人以下的「微單位」佔了 89%。簡單來說，機構正在碎片化；整個社會也正在碎片化。

我常常舉一個例子，香港的美心飲食集團，在香港有接近 800 家店（連內地、東南亞超過 1700 家），幾乎覆蓋所有的飲食種類。也就是「多款」，不如此，就難以佔領市場。但也因此，規模效益（劃一的連鎖店，節約成本）已經不是考慮的主要因素，因為每家店都很不一樣。這是與工業社會大規模生產的最大分別。其他如酒店、服裝、汽車、超市，都會出現同樣品牌的不同層次、不同品味、不同對象。就美心而言，雖然仍然屬於同一集團，東海堂與美心烘培、北京樓與 Simply Life，運作就截然不同。每家店已經實際上變成相對獨立的小單位。

其他較大的機構，尤其是比較現代才出現的公司，如投資銀行、諮詢機構、科技產業，他們的運作，不再是工業流程的模式，而是一個小組對一個客戶，「一站式」，稱為 deal team、task force、account team 等等。往往就是三、五個人的小組。整個機構，再也不是一個部門林立、層次分明的金字塔，而是許多相對獨立的小隊伍。這些隊伍裏面的人員，即使是最底層，也要直接面對客戶，應對、方案、解難、風險、操守，都要經歷，與乖乖地坐在金字塔底層的「辦事員」很不一樣。這樣的機構，講究的是業績成果，而沒有太多嚴控人員行動的規章。這樣的機構，也會不斷變更其方針與組織，靈活更換人員的配置。

這與青年就有很大的關係。逐漸引起我的注意的是，由於單位變小了，而且變得靈活了，也因此脆弱了，隨時可以轉型。機構與員工的關係也變化了——合約都變得短暫了。僱主不太常簽長約了，職員也不一定期望有長約。僱主與僱員的關係，變得鬆疏了。而年輕的僱員，已經不能把機構看成可以寄託終身。他們的職業觀，起了戲劇性的變化。他們身處的現實，讓他們對職業，抱有與上一代很不一樣的心態。與上一代比較，一方面，他們也許沒有了穩定的職位與生活的保障；另一方面，他們又更加習慣於環境的變動，更着重個人的自由自主。

社會變幻：不再固守職業

　　簡單來說，他們不再把職位、職業，甚至收入、權威看得那麼重，而更多注意個人的選擇、個人的發揮；他們更多希望可以支配自己的生命，而不是讓自己的生命受到支配。

　　當然，這裏講的是一個趨勢，不是說一刀切所有的青年都是這樣，但是向這個方向發展的青年與日俱增。這也是一個全球性的、全面的、根本的、不可逆的變化。所以才有「後物質主義世代」（post-materialistic generation）的說法。是一個世代，我覺得這也許是代表未來的世代。

　　現象一：美國的勞動力統計局，2021 年有一個匡算，一個人 18 至 52 歲會轉工 12.8 次。他們的統計，25 至 34 歲的個人，平均做過 4.5 份工；35 至 44 歲，2.9 份工；45 至 52 歲，1.9 份工。也就是說愈年輕的，轉工愈多。他們還發現，25 至 34 歲的，每份工平均維持 2.9 年；35 至 44 歲，4.9 年；等等。又通過問卷調查：00 後出生的，91% 認為一

份工不應該超過 3 年；86% 認為有意要轉行。英國、澳洲都有類似的發現。香港沒有同類的匡算與調查，不過只需要注意我們周圍的青年，就會發覺情形非常類似。

現象二：不少大學畢業生，沒有從事他們學習的行業，也就是說沒有「對口就業」。十多年前，英國最強的工學院——帝國學院（Imperial College London），一年級只有 81% 的學生打算做工程師，四年級更是只有 44%。同場的美國麻省理工工程學院院長，卻說：「我們的畢業生遍布各行各業，那不正好說明我們的教育非常成功？」以我熟悉的香港大學，除了醫科，大概有 25% 的法律畢業生沒有從事法律，大概 35% 的工程畢業上沒有對口入行。舊眼光看，這是浪費資源；新的眼光，這說明大學教育超越了職業培訓。的確，有念牙醫的當了歌星、做了小學校長；念建築的，做了網紅；念工程的，當了米芝蓮名廚；念工商碩士，當了農夫……他們畢業時選擇的工作，可以與入學時的志趣很不一樣。說到底，假如轉工轉行成為常態，就已經無法計較第一份工是否對口。

時代意識：不願意被支配

現象三：他們可以在幾年工作之後，自動離職，或去旅遊，或去非洲做義工，或者主動短暫失業。筆者就親身聽到幾位青年告知要離職，細問之下，既非另謀高就，也不是工作不愉快，反而是工作頗有成就的。有什麼打算？「還沒有。」就是想「停一停，想一想」。上一代的知道了，頗為驚訝、惋惜，覺得不可思議。他們的同輩卻非常羨慕，「他們就是能夠做自己喜歡的事，多棒！」這就呼應了在疫情中，在歐美出現的離職潮——三、四十歲在事業的黃金時段，由於在家工作，沒有了工作機構的束縛，頓然覺得自己的生活和生命不斷被

「工作」在支配，於是毅然離職，要過自己可以支配的生活。所以，最近一兩年，西方的媒體不斷探討「如何留住你的員工」。於是出現了「有人無工做，有工無人做」的異常現象。香港也一樣。

現象四：自僱、創業成了青年羨慕的工作形態。他們覺得，為什麼一定要寄人籬下？就是不想打工。他們又覺得，沒有了僱員身份，他們就有了發揮自己的廣闊天地。同理，出現了斜槓族，同時幹幾份工作、從事幾個行業、扮演不同身份。也是覺得自己於是有充分的空間，可以支配自己的工作和生活。當然還有宅家一族，在家「躺平」，反正可以通過電子渠道，吃的、玩的、投資，都可以安枕無憂；不過在香港也許還只是少數。

以上所述，只是一個概括的描述，現實中的青年，多元而複雜。但是他們的生活與思想，存在於與上世紀很不一樣的現實之中。提出這些現象，不在於評論是非優劣，而是旨在說明，21 世紀的青年，他們的生活與思想，與 20 世紀成長的人很不一樣。

以上只是從工作形態的角度看社會變化。那是人們的經濟生活，但是人還有家庭生活、文化生活、政治生活、餘暇生活、靈性生活……這些，都在改變。青年人的經歷，也與上一代很不一樣。

我最近 20 年的探索，證實了一個假設：人的思想意識，是受經歷影響的。環境變了，經歷不一樣，自然就會有不一樣的思想意識。由於工作是人與社會最密切的接觸點，工作可以作為一個很好的窗口，窺見社會環境、個人經歷、思想意識三者的相互關係。我看得到的，我們的教育工作者也很容易可以看得到。對於我們的教育使命，可以因此而更新我們的認識。

今天青年人的生活與思想，裏面包含着未來社會的元素。對他們來說，未來已來（future is now）。而社會還在不斷變化，而且是愈變愈快。社會其實已經變得有點認不得了。要以我們固有的框架去評價今天的青年，愈來愈不容易。但是在青年身上，我們可以感到未來的脈搏。放下我們固有的，虛心了解今天的青年，也許能使我們不被時代拋棄。

所以：向青年學習！

原載《華夏教育》第三期，2023 年 2 月

第六章

用 AI，
是作弊還是助手？

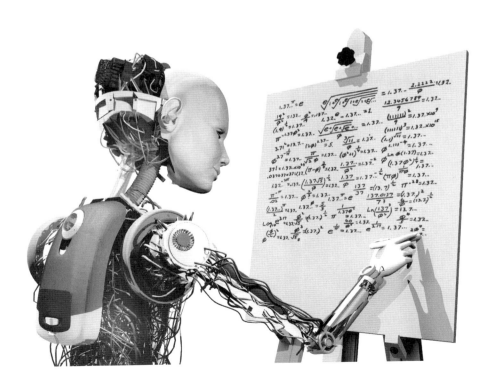

ChatGPT 去考科舉

中國堪稱考試之故鄉。孫中山先生曾經說過，中國的考試，是世界上最早也是最有效的。孫中山當時指的，是科舉考試。筆者在四川閬中，看過貢院（考試院）的展館，可以重塑當年考試的全過程。

忽然想起，假如 ChatGPT 去考科舉，那一定是上榜。ChatGPT 不過是聊天機器人（Chatbot）的一種，可以按照用者的問題、指示、意圖，創造出種種文字作品。因此稱為生成式人工智能（Generative AI，或 Gen AI）。科舉考試如要高中（上榜也），一定要熟讀歷代聖賢之書，那對 ChatGPT 來說，毫無困難。科舉需要門生寫成文章，只要向 ChatGPT 提出方向，那也是瞬間的事。即使還要加上揣摩當今（皇上，最後定奪）意向，對於 ChatGPT，也是毫無困難。所以說，ChatGPT 去考科舉，一定高中。

科舉不是也要求要書寫嗎？那也不愁，已經有其他的生成式人工智能，可以寫出漂亮的毛筆字，而且可以準確地出自名家字體，顏體？柳體？不在話下。所以說，ChatGPT 要是考科舉，可以說是手到拿來，而且是瞬間的事，不必關在小房間（稱為「號舍」），冥思苦戰。

現代的許多考試，比起科舉，不是更複雜了，而是更簡單了。這裏且不去研究考試的功能，但是針對生成式人工智能，值得乘機探討的，是考試的形態——考什麼？怎樣考？

第一、最簡單的是考記憶。傳統的教育，大多注重學生的記憶，全球如此。因此要學生背書、默書。語文如此，常識如此，甚至數學也可以如此。在印度，有些教師相信，朗讀 50 遍，就會記牢。1980年代在中國農村訪談，就經常聽到農民家長說：「我這個孩子就是笨，

記不牢！」都是把「記牢」看得最重要，把記憶看成是理解，把人腦的裝載看成是知識的增長。因此要考記憶。

考些什麼，科技都能應付！

關於記憶的作用，人類的認識是漸進的。筆者初入行的時候，香港按照當時西方流行的看法，認為記憶一律都是「死記硬背」（rote-learning），是違背學習的做法。當時不准背乘數表，我們當教師的，沒有辦法之中，買來街上舊式的練習簿，背後有乘數表，才得保不失。現代的學習科學，研究人腦的運作，證明記憶、模仿、重複是學習的起點，是最低層次的學習。有了記憶的累積，才有運用的可能性。

音樂的練習曲，是最好的說明：經過重複的「操練」，形成腦對眼、（樂譜）、耳（音準、旋律、節奏）、手（技法）的協調，也就是所謂「肌肉記憶」（muscular memory）；沒有這樣的記憶，就不可能演奏。中國的書法，也是經過不斷的臨摹，功多藝熟，直至熟能生巧。背唐詩，也是經過朗朗上口的背誦，通過記憶累積素材，日後可以融會貫通自己創作。但是這也說明，記憶是為了運用。

但是把記憶作為考試的內容和目的，卻是另外一回事。第一、現在香港的小學，仍然像 1970 年代的升中試一樣，要孩子背成語、考成語，而且是孤立地一句一句地背和考。這就等於逐個音符、或者逐個音節去學音樂；逐個字、甚至逐筆地學書法。離開了使用，這樣的記憶是沒有意義的。第二、假如小學的考試，一直都是考記憶，學生的智力，就停留在記憶；不會運用，記憶就沒有意義。這是一直以來的問題。

有了現代科技，網上的記憶量，遠遠超過人腦。人類還是否需要記憶？這其實是一個一直存在的問題，不過沒有引起多大的注意。有了計算器，還需要背乘數表嗎？還需要筆算、心算嗎？這是科技對教育一個基本的挑戰。於是有一個問題，人類懂得計算的起點，是筆算、心算，還是點按計算器？那為什麼日本許多小學還要學珠算（算盤）？

基本技能，科技都能取代！

直至 1970 年代，香港會考（DSE 的前身）有計算需要的科目，考試局會提供《對數表》（也許很多讀者從未聽說過）；高班可以用計算尺。後來有了計算機，更有可以進行複雜計算的德州儀器（Texas Instrument）專用計算機。幾經周折安排，考生只能攜帶有製造商註明香港特許的計算器。科技的發明，那時候已經對考試造成威脅。

進一步說，學習數學就是為了懂得計算嗎？人們經常掛在口邊的識字與運算技能（literacy and numeracy），就是識字與計算嗎？同理，有了語音書寫（而且可以寫不同的字體），人類還要不要學寫字？有了電子音樂，電子樂器也有記憶（君不見酒店大堂的自動鋼琴演奏），那人類還要不要學樂器？不管如何，考試要考學生的記憶，已經沒有多少意義。科技的發展，愈來愈多在取代很多基本的技能，就迫使我們要重新思考，學校裏面學生要學的基本技能，為的是什麼？

人們的心目中，從人類的智力來說，連起碼的四則都不會，可以說是一種終生的缺陷。但是數學還有更加深刻的意義，是人類探索自然界的重要基礎。學生識字，也是傳承與發展文化的必要基礎。科技的發明，可有涉及這些考慮？

第二、考訊息與知識。也就是考生需要一定的知識基礎，才能圓滿地回答考題。在科舉，是考來自前人的知識與智慧。在現代考試，其實是考驗學生是否熟悉正規課程裏面所包含的訊息與知識。筆者以前在中學教物理，起初需要考生牢記物理公式，後來試卷附上需要的公式。有了手機，就麻煩了，訊息與知識的素材，在網上唾手可得，考試考訊息與知識的素材，也意義不大。然而，為了維護考試的「尊嚴」（integrity），大多數考場乾脆就不准攜帶手機入考場。這其實已經有點怪異：習以為常的工具，到了考試反而禁用！考試與科技的矛盾，其實已經表面化。

第三、考創作及創造。目前在香港，社會科學與人文學科領域，純粹考記憶、訊息、知識的考題，已經愈來愈少。考學生的領會、發揮、創意的愈來愈多。在大學而言，愈來愈多的是「開卷考試」，或者集體創作。也就是學生不需要關在考場、在規定的時內，完成考試。

但是有了類似ChatGPT的生成式AI，就連開卷考試都受到挑戰，或者說沒有多少立足的餘地。大學之所以視之為威脅，就是因為難以作是否抄襲的判斷。「抄襲」是作弊，罪無可恕，是考試的最後底線。是否真的如此？

考試概念，如何與時並進？

近日在網上聆聽了香港大學教學促進中心的一個論壇，有 800 多人登記參加，裏面有教師，也有學生。意見紛呈，很多元，不過主流是覺得要設法與時並進。擔心的是對學生不公平。學生的作業或者論文中，ChatGPT 的參與有多少？是否誠實申明？是否可以列為作者之一（美國大學已經有明令禁止）？都是大家關心的問題，但都不可能馬上有答案。

筆者有這樣的想法，與讀者切磋：學生的作業或者論文，絕對不會是純粹代表學生一個人的作品。裏面一定有聽課得來的、文獻中搜索而得的、導師的意見、同學的交流、等等。生成式 AI 的存在，不過是又一種輸入。第一、直到目前，ChatGPT 的產品，並沒有權威性。使用者需要自己判斷。第二、所謂對考試的威脅，是假定用了 ChatGPT，就沒有了學生自己的努力，真的如此嗎？第三、總體來說，不應以防範作弊作為出發點，作弊而感到舒服的，到底是少數。積極地信任學生，讓學生自主自為，才會得出積極的方案。

但是，從上面的討論來看，收到衝擊的不只是考試的形態，而是考試本身。大膽地說，教育制度裏面的考試，是工業社會生產流程中質量控制的性質。把考試看成是一個學習階段的終結，就會對於作弊之類的問題耿耿於懷。假如去掉控制的意念，把考試看成下一個階段的起點。面對日益發展的科技，也許就不再是消極地應付。

（原載《信報》2023 年 03 月 03 日）

生成工具用來解答問題？——誤會！

ChatGPT 於 2022 年 11 月面世，翌年 1 月底開始，短短數周，就成了全球的熱議。其速度之快，史無前例！而熱議的焦點之一，是教育。許多文章、評論、研討會、剛出台就已經落後於形勢，甚至沒有出台就已經變成昨天的議題。議題轉變之快，也堪稱史無前例。也可以看出全球人們對新興科技逐步認識的過程。

ChatGPT 出台之後，迅速引起許多同類工具的誕生，從文字，延伸到語音、圖像、視頻……反正人類主要的表達手段，都可以替代。最近有不少香港教師做出不少試驗與嘗試，煥發出許多智慧。以下的觀察，與讀者分享。

第一層：學校行政。這是最直接的，也可以說是最簡單易行的應用。學校的報表、問卷、廣告、海報、會議紀錄……都可以用 AI 生成，而且可以根據要求，生成許多版本，可供選擇。這些，純粹是增加了非教學工作的效率，減少了行政瑣事的壓力，節約了非教學工作的時間；而不涉及學校運作的基本範式，因此容易進入學校。要提醒的是，不要因為方便，就反而增加繁文縟節。

第二層：教師教學。可以令教師備課更加省力——製作 ppt、拍片、設計試卷、改卷……本來需要幾個小時搜索、合成、製作的，現在幾秒鐘就可以有草稿，加以修飾就可以使用。不過，生成式 AI 只是一個工具，需要輸入準確的要求，也就是要明確教師自己的意圖。還要加以反覆修改、潤飾。也就是要與工具互動，讓工具有最合意的表現。也就是說，節省了教師的時間，卻反而迫使教師要做更多的思考和設計。

第三層：教學革新。例如通過生成式 AI，可以羅列出很多例子，供教師與學生一起評論、比較、篩選。也可以就某個課題，讓學生課前從 AI 得到有關資料，在課上共同分析、去偽、比較、整理。也有老師就名家名詩，生成類同的文章、劇本，比較各種文體。也有數理老師，鼓勵學生用 AI 生成難題，共同討論、解答。這就需要（一）教師有寬闊的視野和氣量，準備容納許多雜音和錯誤；（二）教師有充分的自信，在種種混雜的訊息之中，整理出學生需要的學習。以上都需要教師學會與生成式 AI 工具互動，或曰教師學會訓練（train）這些工具。

生成工具，拓寬教學天地

第四層：學生能力。再高一個層次，就是讓學生學會訓練生成式 AI 工具。有教師曾經嘗試，讓智力略低的學生，在一些簡單的問題，糾正 AI 工具的作品。就像是較年長的學生，教導年幼的學生。由於可以安排層梯，每一名學生都覺得自己很有成功感。也有數理教師，引導學生運用生成式 AI 工具，各自評閱自己對同一問題的答卷，由於是個別性的互動，遠勝於一名教師統一批改幾十份答卷。也可以由學生自己生成許多試題，磨練思考。都是讓學生有機會離開錯對與分數的思維，認真思考學習的內容。

以上的觀察，除了聆聽到老師們的嘗試，也受了這幾天幾個訊息的啟示。

第一、上文提到 ChatGPT 去考科舉，必定上榜。此文章在《信報》刊登後，有老朋友反應：「考過至知！」一語道破。除非假設科舉的考官都是平庸之輩，ChatGPT 的作品，也許可以交卷，卻難以期望有

文采與特色。這位朋友也不是憑空評論。他曾經要 ChatGPT 作一首情詩。極快有出品，但是這位朋友說：「似乎沒有什麼詩意！」筆者謔說：「因為它遇上了真正的詩人！」這位朋友的確是一名天才橫溢的人物。筆者忽然醒悟，生成式 AI，以超乎人腦的記憶與速度，也有極強的順從能力，極速「拼湊」出非常像樣的作品；因為只是高級的拼湊，平庸是必然的。這些作品，需要人類的智慧，加以修改與潤飾。

第二、IB（國際教育證書）最近有一份通告。認為不會禁止生成式 AI 的使用，而應該與學生討論使用這種工具的操守。不幸地，這是國際上有關教育討論的主流。但我也要提出，不應該以假設學生會不誠實地抄襲作為出發點；而是應該積極讓學生學會與新的科技同行。以上香港教師的嘗試，正好展示了這個方向，可以說是走前了一步。

生成工具，並非搜索引擎

第三、也是比較根本的，有教師詢問 ChatGPT：「為什麼 ChatGPT 會犯錯？」ChatGPT 答得非常很詳細，看來也相當中肯。如下（感謝夏志雄老師傳來答案與中譯）：

「ChatGPT 是一個 AI 語言模型，使用複雜的演算法（algorithm）來生成基於輸入的回應。然而，像任何其他 AI 系統一樣，它可能會犯錯或提供不準確或不相關的回應。

ChatGPT 可能會犯錯的一些可能原因是：

一、訓練數據不足：ChatGPT 需要大量高質量的訓練數據來生成準確的回應。如果訓練數據不完整、有偏差或結構不良，模型可能無法學習生成準確的回應。二、缺乏上下文：ChatGPT 基於收到的輸

入生成回應，但它可能並不總是理解輸入背後的上下文或意圖。這可能導致不準確或不相關的回應。三、模糊性：自然語言通常是模糊的，同一個輸入可能因上下文不同而有多種含義。ChatGPT 可能無法正確地消除歧義，這可能導致錯誤。四、技術限制：ChatGPT 使用深度學習算法生成回應，但這些算法具有一定的限制。例如，它們可能無法處理罕見或複雜的詞語或短語，或者可能在某些類型的語言結構或語法上遇到困難。

總的來說，雖然 ChatGPT 是一個具有令人印象深刻能力的複雜 AI 系統，但它並不完美，有可能會不時犯錯。在使用 AI 語言模型時，重要的是要牢記這一點，並始終批判性地評估它們的回應。」

生成工具，需要訓練磨礪

這最後的一項訊息，令筆者茅塞頓開。一、生成式 AI 不是一個搜索引擎。要說搜索，還不如 Google、百度。二、因此，看它的作品，主要不是看對與錯（因此其實不會干擾考試），而是看是否符合我們的意圖。三、歸根到柢，它是一種工具，關鍵是如何使用，在於使用者。四、但是它是一種有生成能力的工具，因此需要訓練。五、在這工具訓練不足的時候，它會弄出亂七八糟的作品，就毫不奇怪。六、訓練，主要是要輸入精確的要求（意圖、知識、情景、要求、上下文抄襲……），讓它順着我們的意圖去「創作」。（想起來，有點像訓練家犬。）

最後這一點，訓練，也許是對教師主要的挑戰。如何與生成式 AI 互動（訓練），也就是如何磨礪這把刀。但也要使用者學會刀法，因為知識的意義、教育的功能，也許會大變。這與傳統的教學，單一的渠道、知識、口徑、目標……都在教師的預期之下，很不一樣。

在生成式 AI 包圍之下，學會馴服（訓練）這工具，也許將是學生很重要的學習。

以上是筆者這幾天經歷和學習的總結。下一周，也許又有新的想法。莫怪！

本文的例舉，來自與翻轉教學協會的交談，謹此致謝。

（原載《信報》2023 年 03 月 10 日）

生成式 AI：助手、陪練

上文談到生成 AI 的功能，主要不是提供訊息，不是讓用者獲得正確的答案，而是為用者「生成」產品。也就是按照用者的需求，拼湊出一個「作品」。用者的需求愈明細，這種拼湊的作品就愈符合用者的期望。

不過，觀乎近期蜂擁而來的議論，仍然有不少論者，以為生成式 AI 是無所不知、無所不能的機器。這樣的誤解，不難把討論引入歧途。因此，略為收集了一些在學校應用的例子，經過筆者親自試驗，以說明生成式 AI 的良性用途。

行政。現在學校中出現較多的，就是行政上的使用。很多學校用生成 AI 擬寫家長通告。比如說，通知家長某月某日為教師進修日，因此學生不用上課。假如就這句話要生成 AI 草擬一封信，以為它會給你一封一行字的家長信。出乎意料，生成工具代擬了一封四段幾百字、頗為客氣的家長信——通知停課、解釋教師進修日的意義、請家長關心孩子、感謝支持保持聯繫。經過修飾刪節，完全可以就此發出。

從這一個例子，可以看到：一、對於家長信「作品」，這工具有了足夠的「庫存」，因此格式和語氣，都非常切合需要。二、這工具的「庫存」，還包括有關「教師進修日」的知識，因此可以自動加進了相當適切地說明「教師進修日」的意義。三、家長信的內容與長度，是否適當，只有用者自己才能判斷。四、還需要加工，才能顯出本校的特色；又或者修改語氣，以符合本校一貫對家長的態度。

上面舉這個例子，也許許多學校已經在用。旨在說明生成 AI 的「助手」作用，而不是代替作用。工具替你擬了一個草稿，已經省卻了不少時間，但是（1）指令還是要用者發出的；（2）草稿還需要用者加工。

生成工具是助手：需要指導與加工

備課。文末的附圖，是中文老師用生成的現代詩，與詩人余光中著名的詩比較。這裏就需要教師的指導，要工具按什麼要求作詩。也就是說，教師先要吃透余光中詩的要點，指示工具去創作。老師說，工具起了「陪練」作用，要教師花時間去另外寫一首詩，可能性甚低。但是生成工具瞬間就可以有作品。進一步，也可以通過學生，讓工具產生更多的例子，一下就讓學生在許多例子之中，看清平庸與優秀的分別。但是，沒有教師對余光中是的理解，這工具也當不成「助手」。

就好像學生是運動員，教師是教練，說生成式 AI 工具的功能是「陪練」，可謂一語中的！沒有教練的指導，陪練就沒有方向；沒有運動員的努力，陪練也會是一場空。

另一位生物老師，碰到一個概念，P-value，比較抽象難解。於是要求生成工具嘗試用簡單的文字，解釋這個概念。沒有註明接受者的特性，生成的作品不好用。於是註明是給中五學生講的，結果得到了通俗的解釋。她略為加工，就用來教學。其實，也可以要學生運用生成工具預習，各自找出可能的解釋。然後再與學生一起去蕪存菁，得出比較精確的解釋。這裏也是，教師本身非常明白這個概念，但是通過生成工具，馬上有了許多講解的可能性。工具並沒有代替教師，但是縮短了她的搜索枯腸。

出題。也有教編碼的老師，要工具代為草擬中六測驗題目。工具開始的產品，不太符合教師的期望。教師輸入過去 DSE 的題目，結果工具產出非常相似的題目，並且附有答案和詳細解釋。於是可以用來做很好的學生溫習材料。也是「陪練」。

生成工具作陪練：學生自己須努力

讀者也許會問：學生可以通過 AI 工具獲取答案，測驗還有用嗎？的確，所以這位老師，索性要學生自己生成題目，自己研究答案。這種做法，意義極大。學生答卷的時候，不是為了交給老師，而是自我練習；也可以說是自己找「私人陪練」，那就擺正了測驗的作用——不是為了交給教師，也不是為了教師給的分數，而是訓練自己的應用與熟練。也有家長採取同樣的方法，為孩子準備測驗，小學三年級的學生，讓他請生成工具替他提出一系列有關的難題，孩子就胸有成竹。

以上的例子，又提出一個新的觀察。除了教師對有關的課題有成熟的認識，也懂得具體指揮 AI 工具以外，是否把學生放在使用工具的「駕駛座」上，非常重要；這也是 AI 生產工具對於教與學的新的突破。如果學生可以主動使用生成工具，他們就會逐漸學會與工具互動，學會對於工具產生的作品如何取捨。最重要的是，是把 AI 工具變成自己學習的「助手」，也是個人「陪練」。他們就會為自己使用的結果負責，而不是為了向教師交卷。

假如這種情形能夠實現，學生使用 AI 工具的時候，就與他們練球一樣，目的是為自己打球打得更好。教師只是教練，負責指導而已。教師可以知道練習的方法和方向是否可行，不會保證隊員打球一定打得好。同理，教師可以知道學生如何使用 AI 工具，但學生有沒有優秀的作品，需要學生的努力。

這種情形，又令筆者醒悟，學校裏的考試測驗，也可以分為兩種。一種是問答式的，講究答案正確或者準確。例如理科的計算題，此類考題，生成式 AI 從理論上不致形成威脅，因為這些工具從來沒有宣稱可以提供正確答案。目前認為此類工具對考試形成威脅的，大都是在這點上誤會了這些工具的功能。

學生使用生成工具：還考什麼？

另一種是生成式的考試，需要學生製作或者發揮。例如作文、評論、撮要、閱讀報告等，以社會科學與人文學科較多。此類考題，如果照傳統的思路，生成式 AI 的確會造成威脅。比如說筆者小學時英文考撮要（precis），假如把整篇文章輸入工具，它半秒鐘就可以得出一份非常可觀的撮要。怎麼辦？當然，撮寫得好不好，還要看學生自己的功力。

這是對考試觀念的挑戰。傳統的考試觀念，教師與學生是對立的。「考」，就是教師在考驗學生，學生在應付教師的考驗。因此才有抄襲、作弊的問題。假如教師與學生站在同一個戰線，大家處在同一個戰壕；學生為自己學習而努力，教師為學生的學習而輔助，大家就會共同嘗試使用各式工具，而不是害怕學生使用任何工具。其實，這也不算太陌生，博士生與導師之間，不就是這種關係嗎？

從另一個角度看，假如學生有了使用生成式 AI 工具的自由，他們就有了使用與不使用的選擇與自由，他們沒有了被懲罰的憂慮，就反而會擇優地使用工具。這也是一個學習過程，是科技發展到了今天的必要學習過程。若是相反，把生成式 AI 當成是禁區，學生就沒有了抉擇的機會，就會對於新的工具，停留在「是否抄襲」這種低層次的認識。

網上已經陸續出現各種使用 ChatGPT 的指引、方法。相信一定愈來愈普遍。就不需要筆者在這裏囉嗦。

　　寫作此文，得益自許多老師，恕不一一道謝。

（原載《信報》2023 年 03 月 17 日）

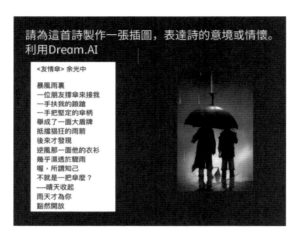

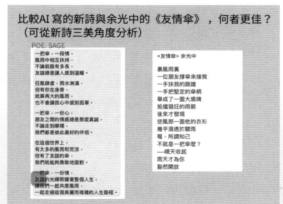

兩幅圖的詩都是 AI 生成。
　　　　（鄭淑華老師，陳瑞琪（喇沙）書院圖片）

生成式 AI：反響

　　看到美國 ABC 電視頻道的訪問，訪問對象是 OpenAI 的創辦人，也就是 ChatGPT 的研發者阿爾特曼（Sam Altman）。

　　訪問的記者問了許多尖銳的問題[9]。基本上是追問研發者如何面對生成式 AI 會產生的負面影響。這裏只選擇其中引起筆者注意的。一、生成式 AI 工具將會取代許多行業，造成失業。二、工具將會令人難分真假，製造不真實的訊息。三、AI 難免將會孕育許多犯罪行為。四、AI 的進一步發展，會不會有一天機器將取代人類。五、AI 將會如何影響教育。

　　雙方僅有的共識，是生成式的 AI，將會令到社會巨變。訪問者咄咄逼人，對方不得不承認有種種負面影響的「可能性」，但認為他們已經設下種種的防護關卡，不斷希望減少負面或者犯罪情況的發生。其中加插阿爾特曼一位女同事的訪問，對方直言這是一個開放型的平台，言下之意，他們沒有義務左右人們如何使用這項科技。

　　筆者聽下來，覺得記者也許是問錯了對象。阿爾特曼無可懷疑，是一位非常出色的科技研發者，但是環顧全球的科技人員，他們專心注志的，是科技的研發。他們的夢想目標，是科技的突破。而突破的起點，固然是可以延伸人類的天生能力，賦予人類更大的能力。但是突破的一個潛在目標，卻是模擬人類，這也許是因為人類本身是一個異常複雜的物體，有無限的模擬天地。

　　在這樣的研發過程中，科技是在自我的框架裏面發展的。阿爾特曼的訪問，恰巧說明了這一點。他會覺得，我是研發科技的，這些事為什麼要問我？科技發展是中性的，（也因而是神聖的：筆者的解

9.　ABC News. (2023, March 17). OpenAI CEO, CTO on risks and how AI will reshape society [Video]. ABC News. https://abcnews.go.com/Technology/video/openai-ceo-cto-risks-ai-reshape-society-97949497

讀），因為那是「科學」，無所謂道德上的對與錯。他也提到了，科學往前發展了，人類就要去適應。他沒有說的是：「難道要科學發展停下來？」對於人類會有什麼影響，並非是他們的考慮，起碼不是研發的時候的考慮。頂多是在研發了以後，引起了社會的關注，才設法讓工具的使用導向正面，而減少或者防止負面的輿論。他們不是不努力，但這並不包括在他們研發的初心。

負面效果，研發者的責任？

這在教育就太明顯了。疫情之前，香港只有極少數的學校採用電子化的教學。採用的那些學校，往往是由某個供應商，為學校提供資源，建實驗室，使用供應商設計的課程與教材。供應商絕無惡意，但學校是被動的。他們對於提供的科技資源，只是接受和試驗。試驗這些科技資源，並不是因為教學上的需要。往往是學校和教師覺得：這些都是代表未來，因此接受與參與，義不容辭。這些技術與試驗，並非因為教學改革的需要而到來；相反，是科技的到來，才思考教學的應用。有時候，由於研發科技的不太理解教學的內涵，也許不在意地保存或者鞏固了保守的教學理念。世紀初一些模擬黑板的軟件，就往往有這種毛病。

是疫情的到來，因為停課，但又掛心學生的學習，「停課不停學」，於是教師開始積極使用科技。有了另類學習的需要，教師才慢慢地回到「駕駛者」的座位。今天，問問香港的學校，家家都同時掌握起碼 20 至 30 種工具，改變了開發商壟斷的局面。

另一個例子，多年前在北京一個大會上，權威的語音科技開發商，出產了一個可以代替教師的口試平台。可辨認語音、口音、語法，也可

以輸入內容要求。台下教師馬上反應：考口試是人對人的接觸，考生的表情、態度都很有關係。「你就是給我一大堆的數據，不是我要的。」

機器學習，真的模擬人腦？

最近看到另一個訊息，也頗有意思。美國哲學家、語言學家和政治評論家諾姆・喬姆斯基（Noam Chomsky），聯同其他兩位作者，於 2023 年 3 月 8 日為《紐約時報》（*The New York Times*）撰寫一篇文章，題目為 *The False Promise of ChatGPT*（ChatGPT 的虛假承諾）。一看題目就知道是老人家發火了。文章開宗明義就說[10]，科技的發展，總是會給人們帶來憂慮，但也會令人樂觀。但是目前的 AI 發展——機器學習（machine learning）「是通過有根本上缺陷的語言及知識概念融入我們的科技，來降低我們的科學水平，也貶低我們的道德操守。」（will degrade our science and debase our ethics by incorporating into our technology a fundamentally flawed conception of language and knowledge.）

文章說，現在的機器學習，是以大量的數據，仿照人類的語言，按照複雜的推算，推導出最有可能的答案。這與人類的學習剛剛相反。人腦是出奇地高效而且精緻，只需要少量的訊息，不靠硬性的數據推導，就能夠創造出對事物的闡釋，也就是知識。文章還以幼兒學習語言為例，說明與現在的機器學習，是完全不同的一回事。

文章認為，人對事物的認識，不止問「是什麼」，還會問「不是什麼」。「不可能吧！」正是人類創造的關鍵。機器學習最關鍵的錯誤，是沒有這種能力。

10. Noam Chomsky. (2023, August 3). The False Promise of ChatGPT. The New York Times. Retrieved from https://www.nytimes.com

文章還說，人類總有一定的道德規範，決定應該與不應該。對於機器學習的研發者，這是一個絕不容易的掙扎。機器學習能夠推理，能夠創新，卻沒有道德原則。文章以開發火星作為引子，逐步引導ChatGPT回答有關道德的問題，摘錄了與ChatGPT的對話，機器坦言「我沒有個人觀點」，「我沒有道德信念」。（以上皆意譯）

沒有道德，科技走向何處？

這就呼應了前述ABC記者的擔憂。AI會不會取代人員、消滅行業？這不是AI研發者的考慮。研發一個項目，不像香港政府推出一個基建項目，要戰戰兢兢做風險評估，然後才進行；更不會經過廣泛的社會諮詢，才立項研發。《經濟學人》（*Economist*）曾有一篇報道，描繪了各個研發商由於ChatGPT的問世，幾乎是不顧一切地搶佔市場，根本顧不上社會影響，也就是不會理會對社會有什麼負面影響。說實在的，他們不會認為那是他們的本職。

製造虛假訊息，記者直言會不會造成一個虛假社會。阿爾特曼有點迴避，說除非是在極權國家。其實假消息的傳播，最厲害的是美國，根本就不是政府可以控制的。不是有「後真相」（post-truth）社會的說法嗎？記者則直指2024年的美國大選，言下之意，會不會因為AI的使用，發生放大了的特朗普效應。

機器會不會取代人類？記者與阿爾特曼的對話，把人類的智慧，等同於理性的智力。因此認為當機器全面掌握了人類的智力，就有可能替代甚至超越人類。阿爾特曼含混其辭，對於機器可以超越人類，只是說不排除這個可能。把人類的能力，歸結為理性的智力，那是美國科技開發商的基本假設。他們會認為，遲早，機器可以有情感；在

他們的潛意識裏面，情感也不過是智力。這與亞洲甚至其他歐洲國家的認知，很不一樣。

這裏提出了兩個我們不得不關心的問題。第一、科技的發展，有沒有道德規範？誰來規管？最近香港有因為基因改造而出現的事件，早年在蘇格蘭造出的複製羊多莉（Dolly），就引起了科學界對於基因改造的自律共識。其實，基因改造的負面影響，遠遠超過胚胎的改造。遠一點的如原子彈，除了殺戮，沒有任何其他功能，而且殺戮的對象都是平民。這樣的科技，人類是否應該任其發展下去？近一點的如三維打印造槍，後患無窮。

第二、作為科技發展的承受者，我們沒有能力去影響科技發展，就要考慮，是否可以充分發揮其好處。這倒不一定是「逆來順受」；勉強接受，一定不會有好結果。目前看到香港有不少教師，或多或少在試用生成式 AI，也產生出不少出人意表的教學效果。可以說是一種「為我所用」的態度，也許這正是香港人的「執生」精神——任何環境，都可以「危」中創「機」；任何工具，都可以用來產生正面的效果。

（原載《信報》2023 年 03 月 24 日）

後記

編這本書，是由於許多讀者與朋友的催促。一方面是許多登過的文章，可以方便翻尋或者重讀。另一方面，編成書，才發覺一篇篇離散的文章，與這些文章聚合起來，很不一樣。在編成的書裏面，可以看到我自己的思想脈絡，也重訪了自己的心路歷程。腦子裏是又一次的學習與探索。

讀者也許會發覺，我寫作的很多心思，來自反饋給我的讀者與朋友，也來自我看到的種種現實。本書收集的文章，大部分是在疫情期間寫的。代替頻繁的外遊，是訪問了許多學校和 NGO。看到了許多意想不到的人與事，拓寬了眼界。說實在的，疫情期間，也許是我腦子最活躍的時期。這本集子就是記錄了我這個時期腦子裏的活動。

有朋友問過我：每周寫，會不會材料枯竭？我說：剛好相反，要寫的東西太多了。寫不完！

與我的許多文章與發言一樣，寫的時候是一種心態，報上登出來自己讀的時候是另外一種心態，在一本書集裏面重讀又是一種全新的心態。有時候會讚嘆：那時候居然可以寫出這樣的文字！有時候會懊惱：當年為什麼會寫成這樣？讀者讀來，一定又有另外的感覺。希望有機會聽聽讀者的聲音。

替《信報》寫文章，最早是 1979 年，開始是《信報月刊》。是《信報》給了我一塊難得的園地，讓我不斷整理了我的思想。我的專欄，逢星期五登出。很多時候，是星期四的晚上 8 點鐘才完稿；有時候甚

至過時。在此，我要感謝《信報》編者的寬容大量。編成集子的過程中，得到《信報》同事的努力和諒解。也是非常感謝。

作者謹識

2023 年 5 月

教育還能一樣嗎

作者	程介明
編輯	黃詠茵
設計	purebookdesign
封面書法題字	程介明
出版經理	李海潮
圖片	作者提供、iStock

出版	信報出版社有限公司 HKEJ Publishing Limited
	香港九龍觀塘勵業街11號聯僑廣場地下
電話	(852) 2856 7567　　傳真　(852) 2579 1912
電郵	books@hkej.com

發行	春華發行代理有限公司 Spring Sino Limited
	香港九龍觀塘海濱道171號申新証券大廈8樓
電話	(852) 2775 0388　　傳真　(852) 2690 3898
電郵	admin@springsino.com.hk

	台灣地區總經銷商
	永盈出版行銷有限公司
電話	(886) 2 2218 0701　　傳真　(886) 2 2218 0704

承印	美雅印刷製本有限公司
	九龍觀塘榮業街6號海濱工業大廈4樓Ａ室

出版日期	2023年7月初版
定價	港幣 168 元　新台幣 840 元
國際書號	978-988-76644-3-7
圖書分類	1) 社會科學　2) 文化　3) 教育

作者及出版社已盡力確保所刊載的資料正確無誤。